Giulia de Savorgnani

Chiaro! A1

Der Italienischkurs

Lehrerhandbuch –
Guida per l'insegnante

Hueber Verlag

3. 2. 1. | Die letzten Ziffern
2014 13 12 11 10 | bezeichnen Zahl und Jahr des Druckes.

Alle Drucke dieser Auflage können, da unverändert,
nebeneinander benutzt werden.
1. Auflage

Redaktion: Anna Colella, Giovanna Rizzo, Hueber Verlag, Ismaning
Satz und Gestaltung: Birgit Winter, Seefeld
Druck und Bindung: Ludwig Auer GmbH, Donauwörth

Printed in Germany
ISBN 978-3-19-055427-0

Indice

Introduzione

LA GUIDA DIDATTICA

Questa guida didattica vi accompagnerà nell'insegnamento dell'italiano con ***Chiaro! A1*** spiegandovi dettagliatamente come lavorare in classe e suggerendovi accorgimenti atti a migliorare la dinamica di gruppo e a promuovere la motivazione degli allievi. Qui di seguito troverete dunque

- un'introduzione alla metodologia del manuale
- indicazioni metodologiche per ogni attività (concetto didattico, obiettivo e procedimento)
- la trascrizione degli input orali
- le soluzioni degli esercizi del manuale
- informazioni di carattere socioculturale e geografico utili nel corso delle singole unità
- suggerimenti per attività supplementari e procedimenti alternativi

Nella rubrica "Lehren" del nostro sito Internet (http://www.hueber.de/chiaro/) troverete inoltre dei materiali che integrano e ampliano le proposte contenute nella guida e che potrete scaricare gratuitamente:

- test d'ingresso e test di autovalutazione
- attività supplementari da stampare e portare in classe
- links relativi ai temi delle lezioni o alle pagine interculturali

Il sito presenta anche una rubrica dedicata ai discenti ("Lernen"), dove i vostri allievi potranno svolgere online esercizi utili per ripetere e approfondire quanto imparato in classe.

Con questo pacchetto di proposte e strumenti il team di ***Chiaro!*** spera di fornirvi un valido aiuto e vi augura buon lavoro.

LE COORDINATE DI *CHIARO!*

Chiaro! è un corso in 3 volumi ideato principalmente per adulti che imparano l'italiano presso la Volkshochschule, scuole di lingua o istituzioni analoghe. La concezione e la veste grafica lo rendono tuttavia adatto anche a un pubblico più giovane, come quello delle scuole superiori. ***Chiaro!*** si rivolge a discenti senza conoscenze pregresse che vogliano raggiungere i livelli di competenza A1, A2, B1 del Quadro comune europeo: ogni volume è dedicato a un livello.

Chiaro! A1 conduce dunque al livello A1 ed è composto da

- un manuale per le lezioni da svolgere in classe
- un eserciziario integrato nel manuale
- un CD audio per il manuale
- un CD-ROM con i testi audio dell'eserciziario, gli esercizi di fonetica e materiale utilizzabile per lo studio autonomo
- un fascicolo con le soluzioni delle attività contenute nell'eserciziario
- la presente guida didattica

Chiaro! A1 offre materiale didattico per tre semestri di 15 settimane con una frequenza di 90 minuti settimanali. Il corso è però abbastanza flessibile da consentire adattamenti in base alle esigenze delle diverse istituzioni e al profilo degli utenti.

LA FILOSOFIA DI *CHIARO!*

▸ *Chiaro!* e il Quadro comune europeo di riferimento per le lingue

Chiaro! persegue gli obiettivi didattici previsti dal Quadro comune europeo per i livelli di competenza **A1**, **A2**, **B1**. Ogni volume è dedicato ad un livello.

Che cos'è il Quadro comune europeo di riferimento?

È un documento elaborato dal Consiglio d'Europa con l'obiettivo di

- agevolare la comparabilità della formazione linguistica nei Paesi europei
- agevolare il reciproco riconoscimento delle certificazioni linguistiche nell'ambito dell'UE
- fornire una base comune per l'elaborazione di programmi, linee guida curricolari, esami, libri di testo ecc.

Come si raggiungono questi obiettivi?

- Il Quadro di riferimento descrive le conoscenze e le competenze che i discenti devono acquisire per poter comunicare nelle lingue europee.
- Esso fornisce descrittori che definiscono i diversi livelli di competenza e consentono di valutare i progressi nel processo d'apprendimento.

Quali sono i livelli di competenza previsti dal Quadro comune di riferimento?

Il Quadro di riferimento prevede tre macro-livelli di competenza, ognuno dei quali è a sua volta suddiviso in due sottolivelli:

A (utente basico)
- **A1** Contatto
- **A2** Sopravvivenza

B (utente autonomo)
- **B1** Soglia
- **B2** Progresso

C (utente competente)
- **C1** Efficacia
- **C2** Padronanza

Chiaro! conduce quindi il discente dal contatto iniziale con la lingua a una prima autonomia d'uso.

Come viene 'misurato' il livello di competenza del discente?

Il Quadro di riferimento contiene scale per la valutazione delle competenze acquisite dal discente a conclusione di ogni livello. Ecco per esempio la scala globale per il livello A1:

> **A1** ***Riesce*** a comprendere e utilizzare espressioni familiari di uso quotidiano e formule molto comuni per soddisfare bisogni di tipo concreto.
> ***Sa*** presentare se stesso/se stessa e altri ed è in grado di porre domande su dati personali e rispondere a domande analoghe (il luogo dove abita, le persone che conosce, le cose che possiede).
> ***È in grado*** di interagire in modo semplice purché l'interlocutore parli lentamente e chiaramente e sia disposto a collaborare.

(da: Quadro comune europeo di riferimento per le lingue, La Nuova Italia – Oxford, 2002)

Ogni volume di ***Chiaro!*** contiene una griglia di comparazione tra le competenze previste dal Quadro comune di riferimento e i contenuti del libro (***Chiaro! A1***: p. 247).

▸ *Chiaro!* e il Portfolio europeo delle lingue

Chiaro! si ispira, in tutta la sua concezione, anche al Portfolio europeo delle lingue.

Che cos'è il Portfolio europeo delle lingue (PEL)?

- Il PEL è uno strumento ideato dal Consiglio d'Europa sulla base del Quadro comune di riferimento.
- Consiste in una serie di documenti personali *(Passaporto linguistico, Biografia linguistica, Dossier)* che consentono al discente di raccogliere tutte le informazioni relative al suo apprendimento delle lingue straniere e alle sue esperienze interculturali.
- Ha lo scopo di
  - sostenere e promuovere l'apprendimento linguistico in un'ottica di progressiva autonomia del discente.
  - documentare le competenze linguistiche in modo trasparente e dunque comparabile a livello europeo.
  - promuovere il plurilinguismo, la pluriculturalità e la mobilità delle persone nell'UE.

In quali parti di Chiaro! si ritrovano i principi del PEL?

- Nell'ultima pagina di ogni lezione del manuale, specificamente dedicata al Portfolio, con test di autovalutazione basati sui criteri del Quadro comune (rubrica intitolata *Das kann ich!* poiché il principio-guida del Quadro e del PEL è quello del "can do") e attività riservate alle strategie di apprendimento *(Nachdenken über das Lernen)*.
- Nella pagina *Culture a confronto*, presente in ogni lezione e specificamente dedicata allo sviluppo della competenza interculturale.
- Nell'ultima pagina di ogni lezione dell'eserciziario, che contiene un'attività per il dossier personale del discente.

▸ L'approccio didattico di *Chiaro!* alla luce del Quadro comune e del PEL

In armonia con le linee guida del Quadro comune di riferimento, ***Chiaro! A1*** si propone di accompagnare il discente nel suo ***primo contatto*** con la lingua italiana. Le funzioni comunicative introdotte in ogni unità sono perciò quelle indicate dal Quadro per il livello iniziale, mentre gli elementi lessicali e morfosintattici sono quelli di cui una persona ha bisogno per realizzare appunto tali atti linguistici (di volta in volta esplicitati nella pagina di apertura dell'unità). A questo livello, i domini (o ambiti d'azione) maggiormente interessati sono essenzialmente quello personale e quello pubblico.
Poiché l'obiettivo resta quello di un semplice ***incontro*** fra il discente e il mondo dell'italiano, la ***progressione*** è, in tutti i settori, volutamente ***'dolce'***. Ciò non toglie, però, che la lingua e la cultura vengano presentate in ***forme*** e ***contesti*** assolutamente ***autentici***.
L'incontro con l'italiano sulle pagine di ***Chiaro!*** avviene quindi a tutto campo: pur se a un livello elementare, si cura infatti lo sviluppo di tutte e quattro le abilità linguistiche fondamentali (ascoltare, leggere, parlare e scrivere), accompagnato dall'apprendimento delle strutture morfosintattiche. Si dedica inoltre particolare e sistematica attenzione ad una quinta abilità: la capacità di imparare *(savoir-apprendre)*. Testi ed esercizi mirati promuovono infine lo sviluppo della competenza interculturale.
Facendo propria la filosofia del Quadro comune, ***Chiaro!*** adotta un ***approccio didattico orientato all'azione*** privilegiando compiti che richiedano l'interazione e la collaborazione fra i discenti, come si vedrà analizzando gli elementi chiave.

Gli input orali

La tipologia degli input orali è stata selezionata in base alle indicazioni del Quadro comune per il livello A1. Essi sono costituiti prevalentemente da conversazioni faccia a faccia (di tipo privato o più formale), telefonate, brevi interviste. Sono stati registrati da persone di madrelingua alle quali è stato chiesto di parlare con un ritmo e una velocità normali. Poiché gli speaker provengono da diverse regioni, il discente avrà modo di sentire accenti e cadenze di diverso tipo, abituandosi così fin dall'inizio alla varietà che caratterizza l'italiano parlato.

Nella maggior parte dei casi i dialoghi non sono stati trascritti nel libro o ne è stata riportata solo una parte con la quale gli studenti dovranno lavorare. Questa scelta nasce dal fatto che le attività di ascolto devono simulare la vita reale,'immergendo' il discente in situazioni analoghe a quelle in cui si troverà quando andrà in Italia in modo che egli pian piano impari ad orientarsi e a cavarsela da solo. La trascrizione completa dei testi orali si trova nella presente Guida ad uso esclusivo dell'insegnante. Si raccomanda di non fornirla ai discenti. A quegli studenti che dovessero richiederla si risponderà che in classe non potranno leggere il testo esattamente come nella vita reale non possono vedere ciò che le persone dicono. La mancanza della trascrizione non è quindi una 'cattiveria', bensì un aiuto: finché si rimane legati alla parola scritta, infatti, non si può imparare a decodificare i suoni perché il cervello umano li elabora diversamente dai segni.
Lo sviluppo della comprensione auditiva richiede tempo, pazienza ed esercizio. ***Chiaro! A1*** propone un approccio graduale a questa competenza accompagnato, nel Portfolio, da una riflessione sulle strategie che possono favorirne l'acquisizione. Si raccomanda di dare l'opportuno spazio a tali momenti di riflessione e di incitare i discenti ad esercitarsi autonomamente con il CD-ROM. Per vincere eventuali resistenze e prevenire la frustrazione, sarà comunque opportuno evidenziare l'efficacia di quest'attività e tranquillizzare gli studenti dicendo loro che

- lo scopo di quest'attività NON è quello di capire tutto, primo perché non è possibile e secondo perché non è realistico: quando si assiste ad una conversazione, anche nella propria lingua madre, è normale che sfuggano dei particolari;
- lo scopo di quest'attività è quello di abituare l'orecchio e la mente ai suoni dell'italiano: solo ascoltandoli spesso si potrà imparare a riconoscerli e a conferire loro un senso. Si tratta di un vero e proprio allenamento e l'obiettivo sarà raggiunto se ognuno si sforzerà di capire ogni volta un po' di più;
- per allenarsi bene è importantissimo non fidarsi esclusivamente dell'orecchio perché l'acustica può sempre ingannare, è indispensabile perciò mettere in gioco la propria esperienza di vita (domandandosi per esempio: di che situazione si tratta? Cosa si dice di solito in una situazione del genere?) e la propria fantasia;
- altrettanto importante è utilizzare le informazioni raccolte come 'appiglio' a cui appoggiarsi per associare altre idee, come se si dovesse comporre un puzzle;
- nello svolgere quest'attività gli studenti non saranno mai soli perché sono previste fasi di interazione con i compagni: si scambieranno le informazioni raccolte, si aiuteranno a sciogliere i dubbi, potranno fare insieme delle supposizioni da verificare durante l'ascolto successivo.

Sugli input orali si basa, di regola, una sequenza di attività che inizia con un esercizio di preascolto e si conclude con la riutilizzazione delle strutture introdotte.

Pre-ascolto
Spesso basato su un'attività di tipo lessicale (come qui) o sulla formulazione di ipotesi che stimolano la fantasia e la curiosità.

Comprensione più dettagliata
Per giungere a una comprensione più dettagliata il discente dovrà lavorare con il dialogo, per esempio ricostruendone una parte e verificando la propria soluzione con un nuovo ascolto.

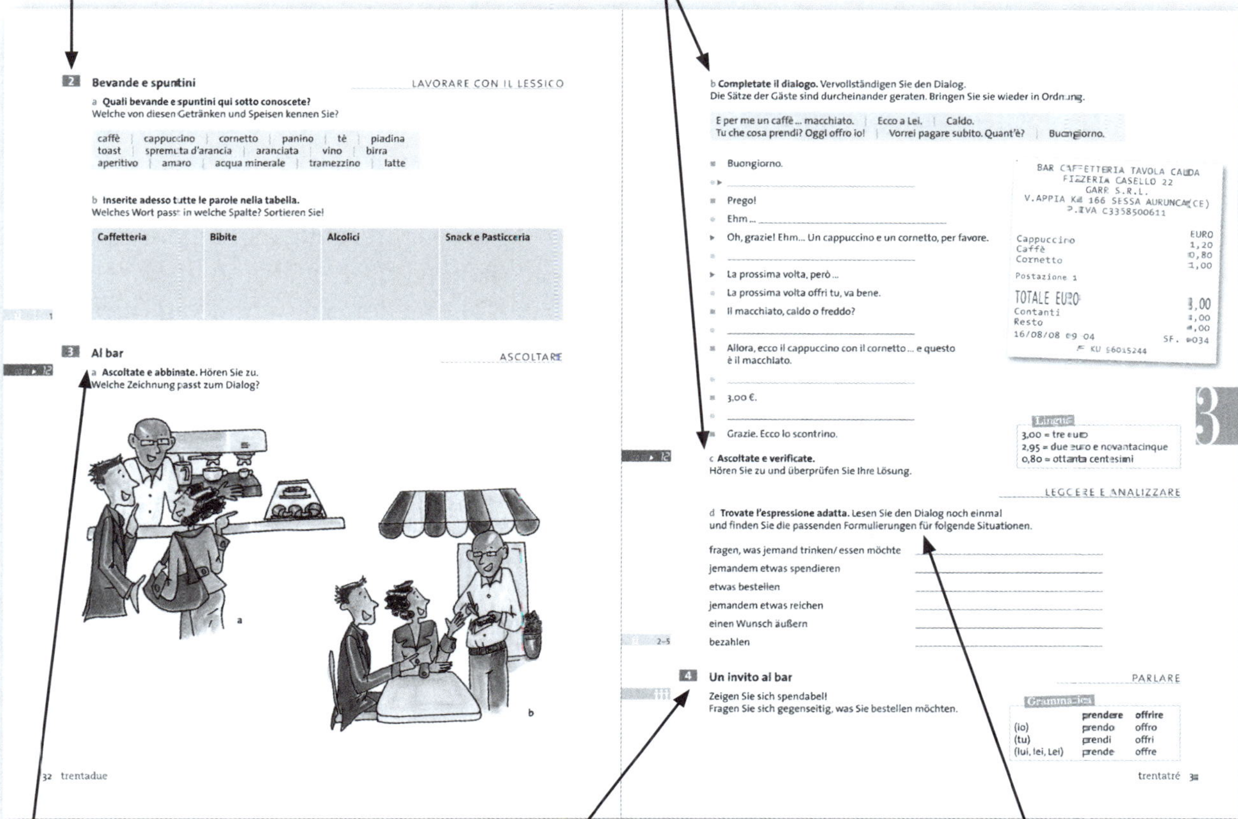

2 Bevande e spuntini LAVORARE CON IL LESSICO

a **Quali bevande e spuntini qui sotto conoscete?**
Welche von diesen Getränken und Speisen kennen Sie?

caffè | cappuccino | cornetto | panino | tè | piadina
toast | spremuta d'arancia | aranciata | vino | birra
aperitivo | amaro | acqua minerale | tramezzino | latte

b **Inserite adesso tutte le parole nella tabella.**
Welches Wort passt in welche Spalte? Sortieren Sie!

Caffetteria	Bibite	Alcolici	Snack e Pasticceria

3 Al bar ASCOLTARE

a **Ascoltate e abbinate.** Hören Sie zu.
Welche Zeichnung passt zum Dialog?

a

b

32 trentadue

b **Completate il dialogo.** Vervollständigen Sie den Dialog.
Die Sätze der Gäste sind durcheinander geraten. Bringen Sie sie wieder in Ordnung.

E per me un caffè ... macchiato. | Ecco a Lei. | Caldo.
Tu che cosa prendi? Oggi offro io! | Vorrei pagare subito. Quant'è? | Buongiorno.

- Buongiorno.
- ______
- Prego!
- Ehm ... ______
- Oh, grazie! Ehm... Un cappuccino e un cornetto, per favore.
- ______
- La prossima volta, però ...
- La prossima volta offri tu, va bene.
- Il macchiato, caldo o freddo?
- ______
- Allora, ecco il cappuccino con il cornetto ... e questo è il macchiato.
- ______
- 3,00 €.
- ______
- Grazie. Ecco lo scontrino.

Lingua
3,00 = tre euro
2,95 = due euro e novantacinque
0,80 = ottanta centesimi

c **Ascoltate e verificate.**
Hören Sie zu und überprüfen Sie Ihre Lösung.

LEGGERE E ANALIZZARE

d **Trovate l'espressione adatta.** Lesen Sie den Dialog noch einmal und finden Sie die passenden Formulierungen für folgende Situationen.

fragen, was jemand trinken/ essen möchte ______
jemandem etwas spendieren ______
etwas bestellen ______
jemandem etwas reichen ______
einen Wunsch äußern ______
bezahlen ______

4 Un invito al bar PARLARE

Zeigen Sie sich spendabel!
Fragen Sie sich gegenseitig, was Sie bestellen möchten.

Grammatica

	prendere	offrire
(io)	prendo	offro
(tu)	prendi	offri
(lui, lei, Lei)	prende	offre

trentatré 33

Comprensione globale
Al primo ascolto il discente si limita a cercare di capire in quale contesto si svolge il dialogo e a immaginare la situazione. Spesso c'è una foto o un disegno che facilita il compito.

Produzione
I discenti vengono subito invitati a utilizzare le espressioni e strutture appena 'scoperte', dapprima in una produzione semplice e guidata (come qui), poi in attività via via più libere e un po' più impegnative.

Analisi delle funzioni comunicative
Le funzioni comunicative non vengono fornite bell'e pronte dall'insegnante sarà il discente stesso a ricavarle dal dialogo, spesso lavorando insieme a un compagno.

Procedimento

Per evitare che subentri la 'noia da routine' e per promuovere la motivazione dei discenti, si è cercato di variare la tipologia delle attività abbinate agli input orali. Con le registrazioni si lavora comunque in due fasi ben distinte che prevedono modalità di svolgimento diverse. Qui di seguito vi forniamo, per entrambe le fasi, le linee guida generali che andranno di volta in volta integrate con le indicazioni contenute nelle consegne delle attività e con le precisazioni fornite nelle pagine della Guida dedicate alle singole lezioni.

Fase 1 – Comprensione globale

Si ascolta il dialogo per cercare di capire in quale contesto esso si svolge (p. es. formale o informale), per immaginare la situazione e/o per ricavare alcune informazioni generali. Nel libro sono sempre presenti dei compiti, spesso basati su una o più immagini perché la filosofia di ***Chiaro!*** prevede di mettere in gioco tutte le modalità con le quali normalmente si percepisce la realtà. Tali compiti hanno lo scopo di mantenere viva l'attenzione stimolando la curiosità: è importante che il discente abbia, ad ogni ascolto, qualcosa di nuovo da scoprire perché così ascolterà con interesse e ricaverà automaticamente maggiore vantaggio dall'attività. Ed è importante che voi facciate leva su questi compiti per presentare l'attività di ascolto come una sfida coinvolgente e gratificante: se i vostri allievi sono del 'tipo giusto', dite pure loro che in questo modo possono prendersi delle libertà che normalmente può prendersi solo un bambino, per esempio quella di dedicarsi a una spensierata caccia al tesoro in cui si può sbagliare strada, tornare indietro e cercare una nuova via.

Fate dunque aprire il libro per leggere le consegne relative al primo compito (si coprirà con un foglio tutto il resto) e accertatevi che esso sia chiaro. Fate ascoltare il testo, raccomandando agli studenti di servirsi degli stimoli visivi presenti nel libro per 'guardare' la scena con gli occhi della mente. Nei casi in cui il libro non presenti stimoli visivi, invitate gli studenti a immaginare la situazione 'proiettandola' davanti agli occhi della mente come se fosse una scena di un film. Dopo aver avviato il lettore CD, spostatevi in un angolo: è importante che i discenti si concentrino sul loro compito e non vengano distratti dalla vostra presenza.

Finito il dialogo, formate delle coppie e chiedete agli studenti di scambiarsi le informazioni; invitateli a fare delle supposizioni su quello che hanno sentito ricorrendo anche alla fantasia ed alla propria esperienza di vita, riflettendo cioè su che cosa si potrebbe fare e dire nella situazione che gli pare di aver identificato. Fate poi ascoltare di nuovo affinché i discenti abbiano modo di verificare le ipotesi appena formulate.

Seguendo le indicazioni delle consegne, alternate ascolto e socializzazione (ogni volta con nuove coppie) finché notate che c'è uno scambio di informazioni reale e proficuo. Ricordate, soprattutto per le registrazioni più lunghe, di far ascoltare il testo tutte le volte che i discenti vorranno verificare le loro ipotesi. Non chiedete mai agli studenti che cosa non hanno capito: questa domanda genera solo frustrazione rovinando tutto il vostro lavoro di motivazione. Al contrario, mettete in risalto ciò che hanno capito, facendo loro notare come ci siano riusciti pur disponendo di conoscenze linguistiche ancora modeste. Avvertiteli che se per caso non riescono a risolvere qualche quesito, non devono farsene un cruccio: l'orecchio e la mente si allenano lo stesso. Perciò se capita che nessuno sappia rispondere a una certa domanda, dite che non importa: non è la soluzione che conta, ma lo sforzo compiuto per arrivarci. Comunque non fornite voi le soluzioni, ma cercate di ottenerle dagli studenti facendo esporre le varie ipotesi fino a giungere a una soluzione condivisa (se qualcuno fornisce subito quella giusta, chiedete comunque agli altri se sono d'accordo, *prima* di dire che siete d'accordo anche voi). Se un quesito rimane in sospeso, date la soluzione solo se richiesta dai discenti.

Qualche volta potrà essere opportuno cominciare con un primo ascolto a libro chiuso: nella Guida troverete in tal caso apposite istruzioni.

Fase 2 – Comprensione più dettagliata

Qui si passa dal generale al particolare: gli studenti ascolteranno di nuovo la registrazione, lavoreranno con il dialogo, per esempio ricostruendone una parte, rimettendo in ordine le battute o ricavando alcune informazioni particolari, e infine verificheranno la propria soluzione con un nuovo ascolto. Il brano così ricostruito servirà come base per l'analisi linguistica.

- Fate leggere le consegne e dopo esservi accertati che il compito sia chiaro, avvertite gli studenti che lo dovranno svolgere, in un primo momento, da soli (in silenzio).
- Fate ascoltare la registrazione: gli studenti svolgono il compito individualmente.
- Dite agli studenti di confrontare le proprie soluzioni con quelle di un compagno.
- Alternate ascolto e confronto fra compagni (possibilmente cambiando le coppie) finché notate che c'è disaccordo sulle soluzioni e che lo scambio d'idee è proficuo.
- In plenum cercate di giungere a soluzioni condivise facendovele dire dagli studenti e, se possibile, trascrivendole su un lucido o alla lavagna. In caso di proposte divergenti (o se c'è totale accordo su soluzioni sbagliate: in

tal caso direte che non siete d'accordo voi), guidate gli studenti nel ragionamento fino a farli giungere ad una versione condivisa e corretta. Date voi la soluzione solo se proprio nessuno riesce a fornirla.
- Concludete l'attività con un ultimo ascolto.

Gli input scritti

Anche la tipologia delle letture è stata selezionata in base alle indicazioni del Quadro comune per il livello A1. E anche in questo caso si presenta una sequenza di attività in cui al discente spetta il ruolo di protagonista 'in azione'.

Pre-lettura
Spesso basata sulla formulazione di ipotesi e sullo scambio di idee con un compagno.

Prima produzione
Basata sul contenuto e non sulle forme (in questo caso il tema è noto ai discenti anche grazie al dialogo ascoltato in precedenza).

Analisi
Seguono l'analisi delle strutture linguistiche, in questo caso elementi lessicali, e un'immediata applicazione in un esercizio guidato.

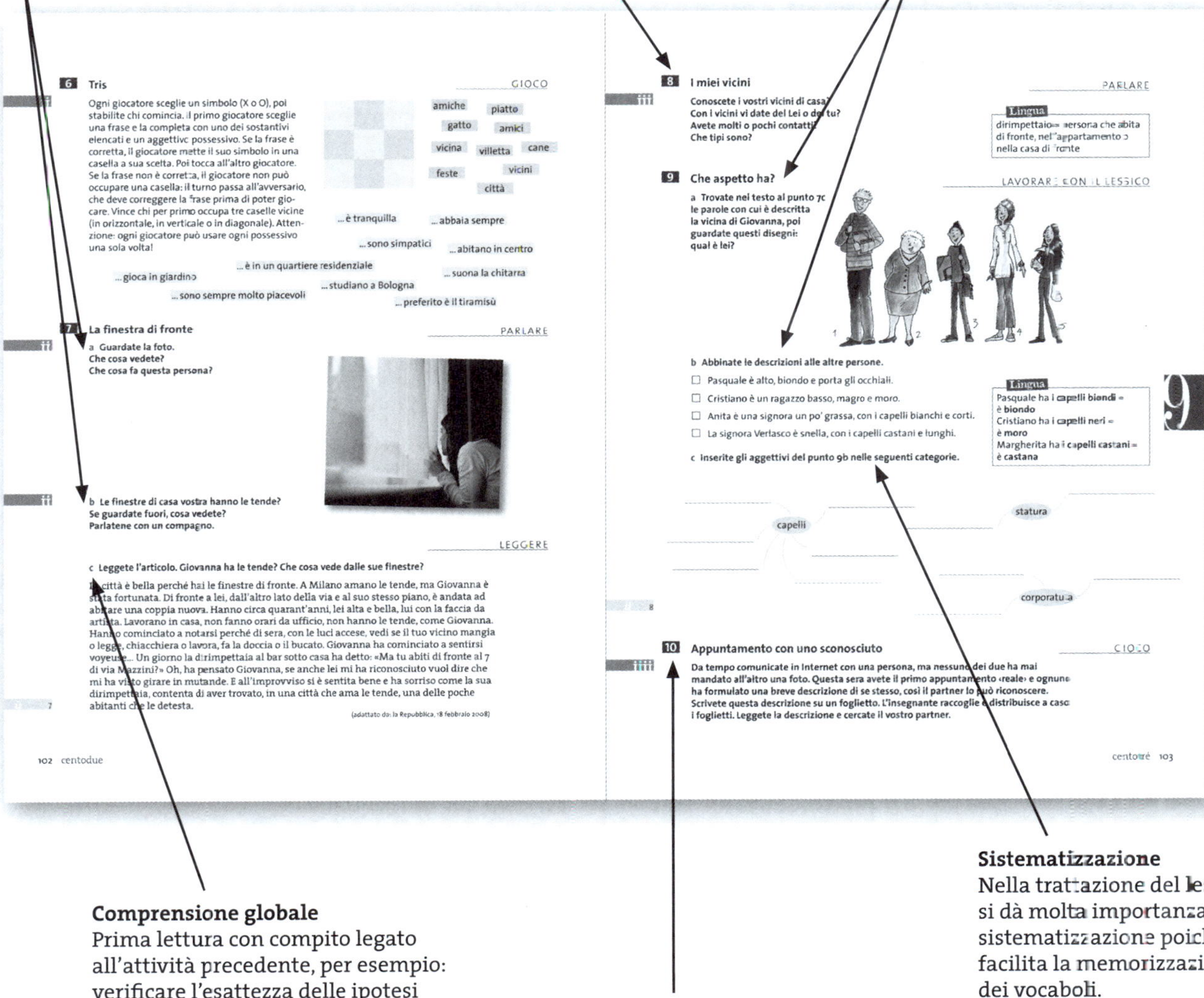

6 Tris — GIOCO

Ogni giocatore sceglie un simbolo (X o O), poi stabilite chi comincia. Il primo giocatore sceglie una frase e la completa con uno dei sostantivi elencati e un aggettivo possessivo. Se la frase è corretta, il giocatore mette il suo simbolo in una casella a sua scelta. Poi tocca all'altro giocatore. Se la frase non è corretta, il giocatore non può occupare una casella: il turno passa all'avversario, che deve correggere la frase prima di poter giocare. Vince chi per primo occupa tre caselle vicine (in orizzontale, in verticale o in diagonale). Attenzione: ogni giocatore può usare ogni possessivo una sola volta!

amiche · piatto · gatto · amici · vicina · villetta · cane · feste · vicini · città

... è tranquilla · ... abbaia sempre · ... sono simpatici · ... abitano in centro · ... è in un quartiere residenziale · ... gioca in giardino · ... suona la chitarra · ... studiano a Bologna · ... sono sempre molto piacevoli · ... preferito è il tiramisù

7 La finestra di fronte — PARLARE

a Guardate la foto. Che cosa vedete? Che cosa fa questa persona?

b Le finestre di casa vostra hanno le tende? Se guardate fuori, cosa vedete? Parlatene con un compagno.

LEGGERE

c Leggete l'articolo. Giovanna ha le tende? Che cosa vede dalle sue finestre?

La città è bella perché hai le finestre di fronte. A Milano amano le tende, ma Giovanna è stata fortunata. Di fronte a lei, dall'altro lato della via e al suo stesso piano, è andata ad abitare una coppia nuova. Hanno circa quarant'anni, lei alta e bella, lui con la faccia da artista. Lavorano in casa, non fanno orari da ufficio, non hanno le tende, come Giovanna. Hanno cominciato a notarsi perché di sera, con le luci accese, vedi se il tuo vicino mangia o legge, chiacchiera o lavora, fa la doccia o il bucato. Giovanna ha cominciato a sentirsi voyeuse... Un giorno la dirimpettaia al bar sotto casa ha detto: «Ma tu abiti di fronte al 7 di via Mazzini?» Oh, ha pensato Giovanna, se anche lei mi ha riconosciuto vuol dire che mi ha visto girare in mutande. E all'improvviso si è sentita bene e ha sorriso come la sua dirimpettaia, contenta di aver trovato, in una città che ama le tende, una delle poche abitanti che le detesta.

(adattato da: la Repubblica, 18 febbraio 2008)

102 centodue

8 I miei vicini — PARLARE

Conoscete i vostri vicini di casa? Con i vicini vi date del Lei o del tu? Avete molti o pochi contatti? Che tipi sono?

Lingua: dirimpettaio = persona che abita di fronte, nell'appartamento o nella casa di fronte

9 Che aspetto ha? — LAVORARE CON IL LESSICO

a Trovate nel testo al punto 7c le parole con cui è descritta la vicina di Giovanna, poi guardate questi disegni: qual è lei?

1 2 3 4 5

b Abbinate le descrizioni alle altre persone.

- ☐ Pasquale è alto, biondo e porta gli occhiali.
- ☐ Cristiano è un ragazzo basso, magro e moro.
- ☐ Anita è una signora un po' grassa, con i capelli bianchi e corti.
- ☐ La signora Verlasco è snella, con i capelli castani e lunghi.

Lingua: Pasquale ha i capelli biondi = è biondo; Cristiano ha i capelli neri = è moro; Margherita ha i capelli castani = è castana

c Inserite gli aggettivi del punto 9b nelle seguenti categorie.

capelli · statura · corporatura

10 Appuntamento con uno sconosciuto — GIOCO

Da tempo comunicate in Internet con una persona, ma nessuno dei due ha mai mandato all'altro una foto. Questa sera avete il primo appuntamento ‹reale› e ognuno ha formulato una breve descrizione di se stesso, così il partner lo può riconoscere. Scrivete questa descrizione su un foglietto. L'insegnante raccoglie e distribuisce a caso i foglietti. Leggete la descrizione e cercate il vostro partner.

centotré 103

Comprensione globale
Prima lettura con compito legato all'attività precedente, per esempio: verificare l'esattezza delle ipotesi formulate.

Produzione riassuntiva
I discenti vengono subito invitati a utilizzare le espressioni e strutture appena 'scoperte' tramite attività via via più libere e articolate che a volte, come in questo caso, hanno una connotazione ludica.

Sistematizzazione
Nella trattazione del lessico si dà molta importanza alla sistematizzazione poiché facilita la memorizzazione dei vocaboli.

Per la lettura valgono le considerazioni già fatte più sopra per l'ascolto. Tenete conto che davanti alla pagina stampata il discente sarà più che mai tentato di voler capire ogni parola: per evitare che ciò accada, sarà bene stabilire un tempo massimo per lo svolgimento del compito (calcolato di volta in volta in base alla lunghezza e alla difficoltà del testo nonché alle caratteristiche della classe, facendo in modo che i discenti, pur leggendo senza stress, non abbiano tempo di soffermarsi sui singoli vocaboli). Occorrerà preparare con cura gli studenti a quest'attività facendo presente che

- lo scopo NON è quello di capire tutto, primo perché non è possibile e secondo perché non è necessario: per cogliere il significato generale di un testo non occorre identificare tutte le parole;
- lo scopo di quest'attività è semplicemente quello di abituare l'occhio e la mente a 'districarsi' fra i segni dell'italiano: soltanto misurandosi con essi di frequente è possibile sviluppare le strategie adatte a decodificarli. Si tratta quindi di un vero e proprio allenamento e l'obiettivo sarà raggiunto se ognuno si sforzerà di capire ogni volta un po' di più;
- per allenarsi bene è importantissimo concentrare la propria attenzione innanzi tutto su ciò che si capisce e non su ciò che non si capisce. Raccomandate dunque agli studenti di non cominciare subito a sottolineare le parole a loro ignote (come fanno di solito): se proprio vogliono sottolineare qualcosa, sottolineino pure le parti che riescono a comprendere;
- altrettanto importante è utilizzare le informazioni raccolte e le parole chiave che si scoprono come 'appiglio' a cui appoggiarsi per associare altre interpretazioni, come se si dovesse comporre un puzzle;
- un ulteriore aiuto può venire dagli elementi formali caratterizzanti: indicazioni relative alla fonte e all'autore, titoli e sottotitoli, intestazioni ecc. È indispensabile mettere in gioco la propria esperienza di vita per cercare di identificare, innanzi tutto, il genere di testo che si dovrà affrontare e poi chiedersi per esempio: che cosa potrei aspettarmi di leggere in un testo di questo tipo?
- non è un aiuto, invece, il glossario che si trova in fondo al libro: consultarlo per chiarire ogni parola nuova è anzi un errore che il discente commette a proprio danno, prima di tutto perché la consultazione interrompe il flusso di lettura e quindi anche il processo mentale di comprensione, e poi perché in questo modo ci si autoimpedisce di sviluppare la propria capacità di deduzione;
- fra le strategie di comprensione ha un ruolo di primo piano la fantasia che, unita alla capacità di deduzione, potrà aiutare il discente a ricavare il significato di vocaboli ignoti con l'ausilio del contesto in cui essi compaiono;
- esattamente come accade quando si legge nella propria lingua madre, nel corso del tempo sarà necessario sviluppare strategie di comprensione diverse in base alle caratteristiche del testo: un dépliant turistico, per esempio, si legge per scopi e con metodi differenti rispetto a un articolo di giornale;
- anche per la lettura sono previste fasi di interazione e perciò ogni studente potrà sempre contare sull'aiuto dei compagni.

Lo sviluppo della comprensione della lingua scritta richiede tempo, pazienza ed esercizio. ***Chiaro! A1*** propone quindi un approccio graduale a questa competenza e, nel Portfolio, riflessioni sulle strategie che possono favorirne l'acquisizione.

Procedimento

La tipologia delle attività abbinate agli input scritti è varia, ma in tutti i casi sono presenti dei compiti volti a mantenere viva l'attenzione stimolando la curiosità. Anche per la lettura sarà dunque importante far leva su questi compiti per aiutare i discenti a diventare lettori sempre più autonomi. Qui di seguito vi forniamo alcune linee guida generali che andranno di volta in volta integrate con le indicazioni contenute nelle consegne delle attività e con le precisazioni fornite nelle pagine della Guida dedicate alle singole lezioni.

- Riproducete l'attività di pre-lettura su lucido e proiettatela alla parete (o copiatela alla lavagna) affinché gli studenti si concentrino su quest'attività a libro chiuso, evitando così che comincino già a leggere il testo. Oppure fatela svolgere dopo che gli studenti avranno coperto con un foglio tutto il resto.
- Dite agli studenti che dovranno leggere un testo, individualmente e in silenzio, per farsene un'idea generale: sottolineate che si tratta di concentrarsi esclusivamente sul contenuto e sul suo significato complessivo, lasciando perdere le parole e le forme nuove che eventualmente si incontrano.
- Se possibile, riproducete su lucido o sulla lavagna il primo compito affinché esso sia chiaro prima che i discenti comincino a guardare il testo. Quindi annunciate il tempo a disposizione.
- Invitate gli studenti ad aprire il libro e a leggere. Mentre lo fanno, tenete d'occhio l'orologio in modo da poter rispettare i tempi da voi stessi stabiliti.
- Scaduto il tempo, dite agli studenti di chiudere il libro (se qualcuno non lo fa, invitatelo gentilmente – magari scherzosamente – ma con fermezza a seguire l'esempio dei compagni). Formate quindi delle coppie e chiedete agli studenti di scambiarsi le informazioni (sempre in base al compito ricevuto); invitateli a fare delle supposizioni ricorrendo anche alla fantasia ed alla propria esperienza di vita, ma senza rileggere il testo (se cogliete qualcuno a sbirciare intervenite, anche in questo caso con gentile – e magari scherzosa – decisione).
- Quando notate che alcune coppie hanno finito di parlare, richiamate l'attenzione di tutti e invitateli a leggere il testo ancora una volta (fissando un limite di tempo), poi invitate gli studenti ad un nuovo scambio di informazioni con il medesimo compagno (a libro chiuso).
- Seguendo le indicazioni delle consegne, alternate lettura e socializzazione (ricordando di stabilire un tempo massimo per la lettura, di formare ogni volta nuove coppie e di far chiudere il libro durante lo scambio) finché notate che c'è uno scambio di informazioni reale e proficuo: questo vale soprattutto per le ultime lezioni, dove i testi sono un po' più lunghi. Come nelle attività di ascolto, anche in questo caso evitate di chiedere agli studenti che cosa non hanno capito, bensì mettete in risalto ciò che hanno capito facendo notare come ci siano riusciti pur disponendo di conoscenze linguistiche ancora modeste e come, pian piano, siano in grado di affrontare testi sempre più impegnativi. Non fornite voi le soluzioni, ma cercate di ottenerle dagli studenti facendo esporre le varie ipotesi fino a giungere a una soluzione condivisa (se qualcuno fornisce subito quella giusta, chiedete comunque agli altri se sono d'accordo *prima* di dire che siete d'accordo anche voi).

Le produzioni

Come si è visto più sopra, ogni sequenza di attività basata su input orali o scritti prevede momenti di produzione. Nell'ottica di un approccio didattico orientato all'azione, ***Chiaro!*** dedica inoltre ampio spazio a compiti che prevedono l'interazione e collaborazione fra i discenti e richiedono l'impiego di diverse abilità combinate fra loro.

Compito individuale / di coppia o mini-gruppo
Incentrato di solito su un'abilità specifica. A conclusione di una sequenza basata su un input scritto si ha di regola una produzione scritta (come qui). Partendo da un input orale si avrà invece una produzione orale.

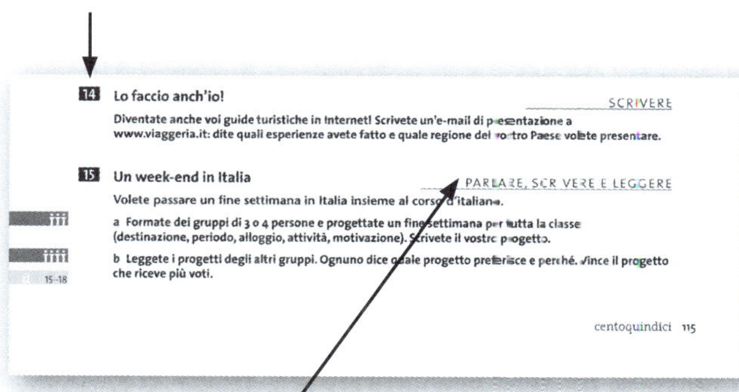
14 Lo faccio anch'io! — SCRIVERE
Diventate anche voi guide turistiche in Internet! Scrivete un'e-mail di presentazione a www.viaggeria.it: dite quali esperienze avete fatto e quale regione del vostro Paese volete presentare.

15 Un week-end in Italia — PARLARE, SCRIVERE E LEGGERE
Volete passare un fine settimana in Italia insieme al corso d'italiano.
a Formate dei gruppi di 3 o 4 persone e progettate un fine settimana per tutta la classe (destinazione, periodo, alloggio, attività, motivazione). Scrivete il vostro progetto.
b Leggete i progetti degli altri gruppi. Ognuno dice quale progetto preferisce e perché. Vince il progetto che riceve più voti.
15-18
centoquindici 115

Compito di gruppo
Incentrato sull'uso integrato di diverse abilità, richiede l'interazione e la collaborazione fra i discenti e prevede la realizzazione di un 'prodotto' comune. Un attività di questo tipo conclude ogni lezione. Compiti di gruppo si trovano inoltre nelle unità di ripetizione (vedi sotto: *Ancora più chiaro*).

Produzione orale

La tipologia delle produzioni orali è stata selezionata in base alle indicazioni del Quadro comune europeo per il livello A1. Gli obiettivi comunicativi previsti sono specificati nell'indice generale e nella prima pagina di ogni unità. Le produzioni sono sempre contestualizzate, legate al tema dell'unità e di tipo analogo all'input-modello. Sulla base di un certo input si ha, di solito, prima una produzione guidata e controllata (o un esercizio di tipo comunicativo) e più avanti una produzione libera vera e propria. Alcune hanno un'impostazione più pragmatica, come quando si tratta per esempio di chiedere indicazioni stradali (lezione 5), altre invece coinvolgono lo studente in modo più personale, altre ancora hanno una connotazione ludica. Si è cercato comunque di offrire una gamma abbastanza ampia di attività orali nella convinzione che sia necessario invitare lo studente ad esprimersi fin dal principio nella lingua che sta studiando, per quanto scarse o addirittura minime possano essere le sue conoscenze. Sarà infatti proprio lo sforzo che compirà per raggiungere un determinato obiettivo comunicativo con i suoi modesti mezzi a consentirgli di acquisire progressivamente sicurezza e scioltezza nell'uso della lingua. Per poter raggiungere tale scopo lo studente deve avere la possibilità di esprimersi liberamente, senza sentirsi controllato o valutato dall'insegnante: solo così infatti troverà il coraggio di 'fare esperimenti', commettendo errori e riformulando quanto detto. Sarà bene evidenziare con chiarezza questo punto facendo una netta distinzione fra le produzioni che richiedono correttezza morfosintattica e prevedono dunque una correzione 'ufficiale' e le produzioni libere: queste ultime non prevedono la partecipazione dell'insegnante, che dovrà limitarsi ad organizzare l'attività (per esempio formando le coppie o i gruppi in maniera oculata), fissare il tempo per lo svolgimento e tenersi a disposizione come consulente. Dopo aver dato il via all'attività, provvederete perciò a sistemarvi in un punto dell'aula che vi consenta di non disturbare il lavoro degli studenti e di segnalare, nel contempo, la vostra disponibilità a rispondere a qualsiasi domanda.

Per lo svolgimento seguite dunque le istruzioni del manuale e le indicazioni della presente Guida, ricordando di dire agli studenti che possono rivolgersi a voi in qualsiasi momento a patto che lo facciano in italiano.

Produzione scritta

La tipologia delle produzioni scritte è stata selezionata in base alle indicazioni del Quadro comune europeo, che per questa competenza prevede, a livello A1, obiettivi più modesti rispetto a quelli previsti per la produzione orale. Tali obiettivi sono specificati nell'indice generale e nella prima pagina di ogni unità. Le produzioni sono sempre contestualizzate, legate al tema della lezione e di tipo analogo all'input-modello.

Procedimento

La produzione scritta chiede allo studente di mettere in gioco le proprie conoscenze linguistiche con una precisione ed un'accuratezza maggiori rispetto alla produzione orale. Essa richiede anche un livello di progettazione più alto e dunque più tempo. ***Chiaro! A1*** presenta perciò un approccio molto graduale a quest'attività e la propone spesso all'interno dei compiti di gruppo (vedi sotto), in modo da sfruttare al massimo la collaborazione fra compagni di corso. Questo tipo di collaborazione può essere favorito svolgendo la correzione in classe con il seguente procedimento:

- formate delle coppie, appena possibile (cioè appena cominciate a conoscere un po' gli studenti), non a caso: fate in modo di mettere insieme due persone che si possano realmente aiutare (per esempio evitando eccessivi dislivelli e tenendo conto della dinamica di gruppo);
- invitate i partner a leggere insieme i loro testi, prima uno e dopo l'altro;
- dite che ognuno ha il compito di fare delle proposte per il miglioramento del testo scritto dal partner, il quale, a sua volta, dovrà riflettere

per decidere se accettare o no tali proposte;
- specificate che sono ben gradite vivaci discussioni sui consigli dati e che se i partner non riescono a mettersi d'accordo possono interpellare voi come 'arbitri';
- sistematevi in un punto dell'aula che vi consenta di non disturbare il lavoro delle coppie e di segnalare, nel contempo, la vostra disponibilità a rispondere a qualsiasi domanda.

Le produzioni scritte individuali si potranno svolgere in classe o assegnare come compito a casa. Seguite comunque le istruzioni del manuale e le indicazioni della Guida tranquillizzando gli studenti circa il prodotto da realizzare: stanno facendo degli 'esperimenti linguistici', ciò che conta è soprattutto lo sforzo volto ad attivare tutte le proprie conoscenze per raggiungere un determinato obiettivo. In quanto esperimento, il risultato non potrà essere perfetto, ma si può imparare a scrivere solo scrivendo. Per favorire la distensione potrete mettere un sottofondo musicale a basso volume, dopo aver chiesto agli studenti se non li disturba.

Compiti di gruppo

Le attività di questo tipo, che prevedono l'uso integrato di diverse abilità, hanno una funzione 'riassuntiva', perciò si trovano normalmente alla fine della lezione e prevedono in genere due fasi di lavoro: prima la realizzazione di un 'prodotto' in gruppo e poi la presentazione del risultato in plenum. Per lo svolgimento seguite le indicazioni del manuale e della presente Guida avendo cura di formare i gruppi in maniera oculata. Coordinate i lavori con particolare puntiglio organizzando anche lo spazio in maniera opportuna affinché tutti i gruppi possano lavorare alacremente senza però disturbarsi a vicenda. Mentre gli studenti 'producono' potrete mettere una musica di sottofondo e vi sistemerete, come sempre, in un punto dell'aula che vi consenta di non disturbare il lavoro e di segnalare, nel contempo, la vostra disponibilità a rispondere a qualsiasi domanda. Prestate poi particolare attenzione alla presentazione dei prodotti realizzati, secondo le modalità di volta in volta previste, tenendo debito conto della conformazione dell'aula e dedicando a questa fase abbastanza tempo: per i discenti si tratta di un appuntamento fisso che segna il raggiungimento di un traguardo nel processo d'apprendimento ed è importante che ciò venga messo in evidenza. Fate dunque in modo che sia un momento di condivisione e di gratificazione per il lavoro svolto, creando un'atmosfera rilassata e sottolineando i progressi compiuti.

La grammatica

La progressione grammaticale di ***Chiaro!*** è 'dolce' e prevede la trattazione dei temi a più riprese, in modo da garantire un ampliamento graduale e accessibile anche a discenti che non abbiano grande dimestichezza con lo studio della grammatica. Le strutture morfosintattiche vengono presentate in forma contestualizzata, cioè partendo dai testi e tenendo conto delle esigenze comunicative dei discenti. Per questo motivo, alcuni elementi vengono presentati dapprima solo dal punto di vista lessicale, in modo che gli alunni possano rapidamente impadronirsi di espressioni e funzioni utili alla comunicazione (per esempio gli aggettivi di nazionalità nella prima lezione e i verbi riflessivi nella quarta).

Input
Si parte da un testo (qui orale).

Completamento del testo
L'attività di ricostruzione porta il discente a concentrarsi sugli elementi che verranno analizzati.

Analisi guidata
Sempre in collaborazione con un compagno, il discente analizza gli elementi evidenziati.

Formulazione di una regola
Sulla base dell'analisi precedente il discente formula una regola, seguendo una traccia che lo guida.

Applicazione pratica
I discenti vengono subito invitati a mettere in pratica le strutture appena scoperte in esercizi guidati di tipo comunicativo e/o ludico.

Produzione libera
Le strutture trovano poi applicazione in produzioni più libere.

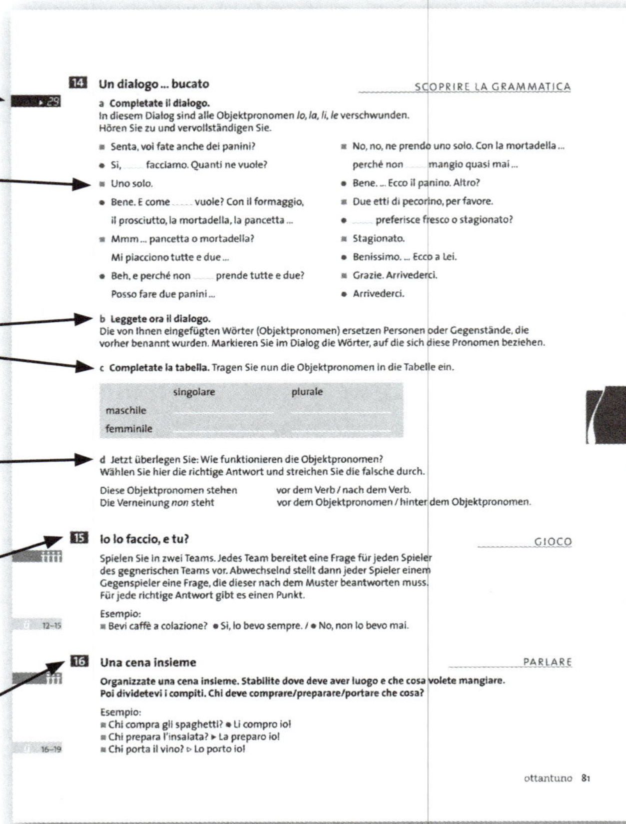

14 Un dialogo ... bucato — SCOPRIRE LA GRAMMATICA

▸ 29

a **Completate il dialogo.**
In diesem Dialog sind alle Objektpronomen *lo, la, li, le* verschwunden.
Hören Sie zu und vervollständigen Sie.

■ Senta, voi fate anche dei panini?
● Sì, ... facciamo. Quanti ne vuole?
■ Uno solo.
● Bene. E come ...... vuole? Con il formaggio, il prosciutto, la mortadella, la pancetta ...
■ Mmm ... pancetta o mortadella? Mi piacciono tutte e due ...
● Beh, e perché non ...... prende tutte e due? Posso fare due panini ...
■ No, no, ne prendo uno solo. Con la mortadella ... perché non ...... mangio quasi mai ...
● Bene. ... Ecco il panino. Altro?
■ Due etti di pecorino, per favore.
● ...... preferisce fresco o stagionato?
■ Stagionato.
● Benissimo. ... Ecco a Lei.
■ Grazie. Arrivederci.
● Arrivederci.

b **Leggete ora il dialogo.**
Die von Ihnen eingefügten Wörter (Objektpronomen) ersetzen Personen oder Gegenstände, die vorher benannt wurden. Markieren Sie im Dialog die Wörter, auf die sich diese Pronomen beziehen.

c **Completate la tabella.** Tragen Sie nun die Objektpronomen in die Tabelle ein.

	singolare	plurale
maschile		
femminile		

d Jetzt überlegen Sie: Wie funktionieren die Objektpronomen?
Wählen Sie hier die richtige Antwort und streichen Sie die falsche durch.

Diese Objektpronomen stehen — vor dem Verb / nach dem Verb.
Die Verneinung *non* steht — vor dem Objektpronomen / hinter dem Objektpronomen.

15 Io lo faccio, e tu? — GIOCO

Spielen Sie in zwei Teams. Jedes Team bereitet eine Frage für jeden Spieler des gegnerischen Teams vor. Abwechselnd stellt dann jeder Spieler einem Gegenspieler eine Frage, die dieser nach dem Muster beantworten muss. Für jede richtige Antwort gibt es einen Punkt.

Esempio:
12–15 ■ Bevi caffè a colazione? ● Sì, lo bevo sempre. / ● No, non lo bevo mai.

16 Una cena insieme — PARLARE

Organizzate una cena insieme. Stabilite dove deve aver luogo e che cosa volete mangiare. Poi dividetevi i compiti. Chi deve comprare/preparare/portare che cosa?

Esempio:
■ Chi compra gli spaghetti? ● Li compro io!
■ Chi prepara l'insalata? ▸ La preparo io!
16–19 ■ Chi porta il vino? ▹ Lo porto io!

ottantuno 81

Procedimento

Le fasi di lavoro appena illustrate vanno svolte nell'ordine previsto, seguite perciò le indicazioni del libro tenendo conto delle precisazioni fornite dalla Guida nelle pagine dedicate alle singole lezioni. Per la fase di formulazione di una regola invitate gli studenti a lavorare in coppia. Poi fatevi dettare la soluzione e trascrivetela nel testo che avrete riprodotto su lucido (o copiato alla lavagna). La classe intera avrà il compito di controllare la correttezza di ciò che si andrà scrivendo. Chi non è d'accordo dovrà fare controproposte. Se ci sono divergenze (o se c'è totale accordo su soluzioni sbagliate: in tal caso direte che non siete d'accordo voi), guidate gli studenti nel ragionamento fino a farli giungere ad una versione condivisa e corretta. Date voi la soluzione solo se proprio nessuno riesce a fornirla e lodate lo sforzo compiuto anche nei casi in cui vengano proposte soluzioni sbagliate.
Gli specchietti "Grammatica", che evidenziano elementi morfosintattici, sono concepiti essenzialmente come agili strumenti di consultazione per gli studenti (per esempio durante le produzioni), NON come luogo deputato alla spiegazione delle regole.
Mettono a fuoco la grammatica anche la pagina *Grammatica e comunicazione* alla fine di ogni unità (vedi *Struttura delle unità*), le tabelle dei verbi all'interno della copertina e la grammatica sistematica a pp. 187-210, dove la morfosintassi viene trattata in modo 'compatto', cioè in base ai temi e non in base all'ordine in cui essi compaiono nelle lezioni: in tutti i casi si tratta di pagine destinate essenzialmente alla consultazione e non al lavoro in classe.
Ulteriori strumenti di lavoro per l'insegnante e per il discente si trovano nel CD-ROM (vedi *I CD*).

Il lessico

Nell'ambito di una progressione 'dolce', ***Chiaro! A1*** dedica molto spazio ad attività incentrate sul lessico. Esse compaiono tanto in fasi di pre-ascolto / pre-lettura quanto in fasi di analisi dei testi e in fasi di ampliamento. Le attività di questo tipo, hanno, di volta in volta, diverse funzioni. Per lo svolgimento seguite le indicazioni del manuale e della presente Guida.

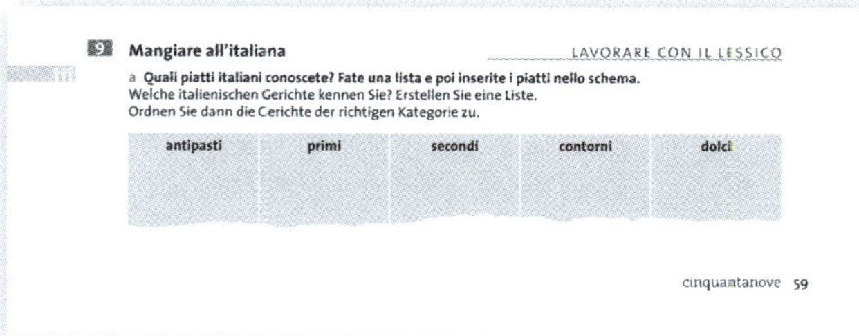
9 **Mangiare all'italiana** LAVORARE CON IL LESSICO

a **Quali piatti italiani conoscete? Fate una lista e poi inserite i piatti nello schema.**
Welche italienischen Gerichte kennen Sie? Erstellen Sie eine Liste.
Ordnen Sie dann die Gerichte der richtigen Kategorie zu.

antipasti	primi	secondi	contorni	dolci

cinquantanove 59

Far affiorare conoscenze pregresse e sistematizzarle.

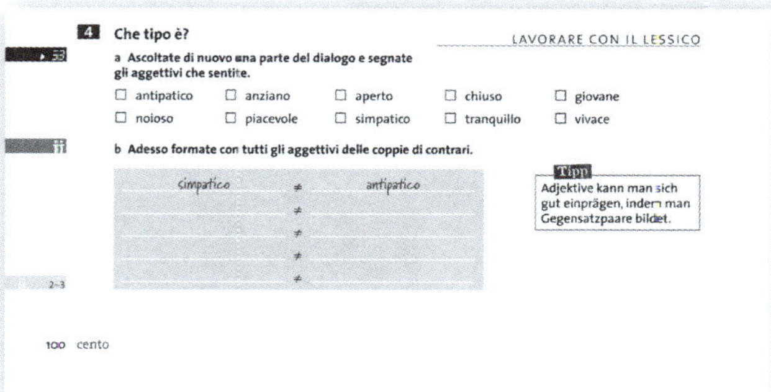
4 **Che tipo è?** LAVORARE CON IL LESSICO

a **Ascoltate di nuovo una parte del dialogo e segnate gli aggettivi che sentite.**

☐ antipatico ☐ anziano ☐ aperto ☐ chiuso ☐ giovane
☐ noioso ☐ piacevole ☐ simpatico ☐ tranquillo ☐ vivace

b **Adesso formate con tutti gli aggettivi delle coppie di contrari.**

simpatico ≠ antipatico
≠
≠
≠
≠

Tipp
Adjektive kann man sich gut einprägen, indem man Gegensatzpaare bildet.

100 cento

Introdurre lessico nuovo e sistematizzarlo.

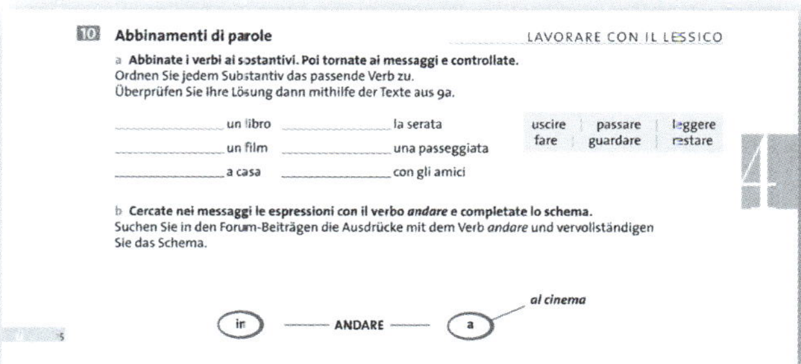
10 **Abbinamenti di parole** LAVORARE CON IL LESSICO

a **Abbinate i verbi ai sostantivi. Poi tornate ai messaggi e controllate.**
Ordnen Sie jedem Substantiv das passende Verb zu.
Überprüfen Sie Ihre Lösung dann mithilfe der Texte aus 9a.

________ un libro ________ la serata
________ un film ________ una passeggiata
________ a casa ________ con gli amici

uscire | passare | leggere
fare | guardare | restare

b **Cercate nei messaggi le espressioni con il verbo *andare* e completate lo schema.**
Suchen Sie in den Forum-Beiträgen die Ausdrücke mit dem Verb *andare* und vervollständigen Sie das Schema.

in —— ANDARE —— a — *al cinema*

Far riflettere su collocazioni e problemi grammaticali annessi.

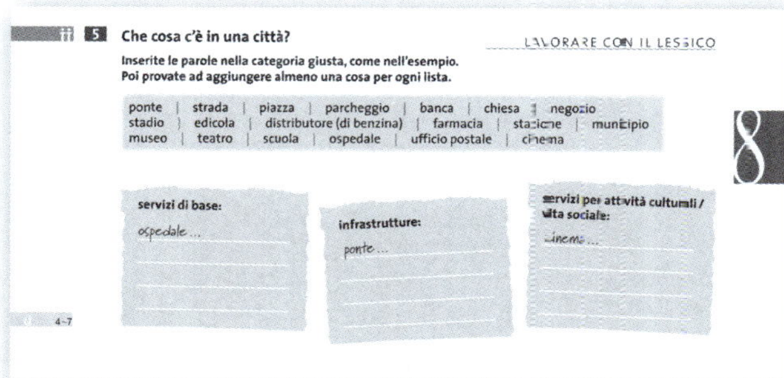
5 **Che cosa c'è in una città?** LAVORARE CON IL LESSICO

Inserite le parole nella categoria giusta, come nell'esempio.
Poi provate ad aggiungere almeno una cosa per ogni lista.

ponte | strada | piazza | parcheggio | banca | chiesa | negozio
stadio | edicola | distributore (di benzina) | farmacia | stazione | municipio
museo | teatro | scuola | ospedale | ufficio postale | cinema

servizi di base: ospedale ...
infrastrutture: ponte ...
servizi per attività culturali / vita sociale: cinema ...

Ampliare e sistematizzare il lessico tematico.

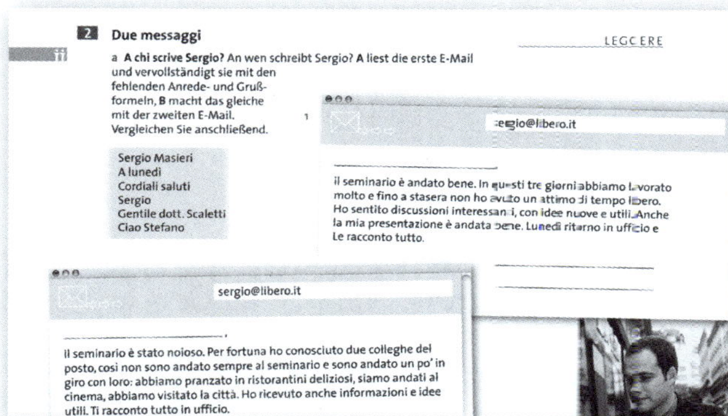
2 **Due messaggi** LEGGERE

a **A chi scrive Sergio?** An wen schreibt Sergio? **A** liest die erste E-Mail und vervollständigt sie mit den fehlenden Anrede- und Grußformeln, **B** macht das gleiche mit der zweiten E-Mail. Vergleichen Sie anschließend.

Sergio Masieri
A lunedì
Cordiali saluti
Sergio
Gentile dott. Scaletti
Ciao Stefano

1
sergio@libero.it

____
il seminario è andato bene. In questi tre giorni abbiamo lavorato molto e fino a stasera non ho avuto un attimo di tempo libero. Ho sentito discussioni interessanti, con idee nuove e utili. Anche la mia presentazione è andata bene. Lunedì ritorno in ufficio e Le racconto tutto.
____
____

sergio@libero.it

________,
il seminario è stato noioso. Per fortuna ho conosciuto due colleghe del posto, così non sono andato sempre al seminario e sono andato un po' in giro con loro: abbiamo pranzato in ristorantini deliziosi, siamo andati al cinema, abbiamo visitato la città. Ho ricevuto anche informazioni e idee utili. Ti racconto tutto in ufficio.

Far riflettere sull'uso contestualizzato di particolari espressioni e formule.

Pur essendo concepite per assolvere di volta in volta a una funzione specifica, le attività legate al lessico hanno in comune un obiettivo a lungo termine: far sì che gli studenti si abituino a lavorare non su singoli vocaboli, ma su unità di significato, cioè combinazioni di parole che acquistano un senso in base al contesto e al modo in cui gli elementi vengono combinati. A tale meta ci si avvicinerà a piccoli passi, ma è importante mettersi in cammino sin dal livello A 1 perché solo così il discente avrà la possibilità di crearsi pian piano l'abito mentale adatto ad affrontare il percorso. Le attività incentrate sul lessico non vanno dunque considerate singolarmente, ma come tessere di un mosaico che si estende lungo tutti e tre i volumi di ***Chiaro!*** Il discente potrà inoltre costruirsi un percorso individuale usando il CD-ROM e il programma *phase-6* (vedi link in quarta di copertina).

Gli stimoli visivi

Chiaro! A1 è ricco di stimoli visivi (foto, disegni, documenti autentici) che non hanno una pura funzione decorativa, ma sono concepiti come veri e propri strumenti didattici. Una riflessione su questo tema corredata da alcuni suggerimenti pratici si trova nel paragrafo dedicato alla pagina iniziale dell'unità (vedi *Struttura dell'unità*). Ulteriori indicazioni metodologiche per i singoli casi si trovano nella guida didattica.

Documenti autentici
Aiutano ad orientarsi e a muoversi con disinvoltura in situazioni comunicative tipiche della vita quotidiana.

6 Parole, parole, parole — LEGGERE

a **Leggete e sottolineate le parole che capite.**
Lesen Sie die Texte und unterstreichen Sie die Wörter, die Sie verstehen.

Tipp
Viele Wörter lassen sich aus dem Zusammenhang erschließen oder man versteht sie, weil sie international gleich oder ähnlich benutzt werden.

b **Confrontate con il vostro vicino.** Hat Ihr/e Nachbar/in die gleichen Wörter unterstrichen?

12 dodici

Documenti autentici
Consentono un incontro con l'italianità e un cauto approccio alla lettura sin dalla prima lezione.

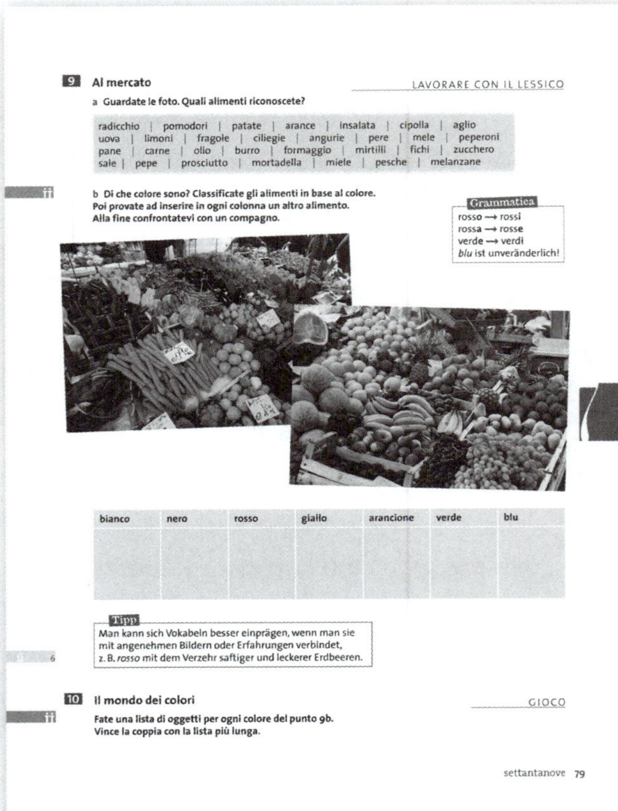
9 Al mercato — LAVORARE CON IL LESSICO

a **Guardate le foto. Quali alimenti riconoscete?**

radicchio | pomodori | patate | arance | insalata | cipolla | aglio
uova | limoni | fragole | ciliegie | angurie | pere | mele | peperoni
pane | carne | olio | burro | formaggio | mirtilli | fichi | zucchero
sale | pepe | prosciutto | mortadella | miele | pesche | melanzane

b **Di che colore sono? Classificate gli alimenti in base al colore. Poi provate ad inserire in ogni colonna un altro alimento. Alla fine confrontatevi con un compagno.**

Grammatica
rosso → rossi
rossa → rosse
verde → verdi
blu ist unveränderlich!

bianco	nero	rosso	giallo	arancione	verde	blu

Tipp
Man kann sich Vokabeln besser einprägen, wenn man sie mit angenehmen Bildern oder Erfahrungen verbindet, z. B. *rosso* mit dem Verzehr saftiger und leckerer Erdbeeren.

10 Il mondo dei colori — GIOCO

Fate una lista di oggetti per ogni colore del punto 9b. Vince la coppia con la lista più lunga.

settantanove 79

Immagini
Foto e disegni forniscono la base per attività lessicali di vario tipo.

LA STRUTTURA DEL VOLUME

Ogni volume di *Chiaro!* contiene

- 10 lezioni di 10-12 pagine ciascuna
- un eserciziario integrato
- 3 unità di ripetizione *(Ancora più chiaro)*
- 3 test
- una grammatica sistematica
- un glossario suddiviso per lezioni
- un glossario alfabetico
- una tabella con le coniugazioni verbali

***Chiaro ! A1* contiene inoltre**

- una pagina dedicata alla comunicazione in classe *(Kurssprache Italienisch)*
- una lista di nomi geografici *(Paesi, nazionalità e lingue)*

LA STRUTTURA DELLE UNITÀ – IN SINTESI

Manuale
Ogni unità è costituita da 10-12 pagine costantemente articolate nel seguente modo:

- **pagina iniziale** con gli obiettivi didattici, una foto e un'attività introduttiva
- **6-8 pagine** con input orali e scritti, esercizi di fissaggio e attività comunicative
- **pagina interculturale** con attività dedicate al dialogo fra le culture
- **pagina di sintesi** delle strutture grammaticali e funzioni comunicative
- **pagina Portfolio** con test di autovalutazione e strategie di apprendimento

Eserciziario
Ogni unità è costituita da 6 pagine che contengono i seguenti elementi:

- **numerosi e vari esercizi** di consolidamento delle funzioni comunicative, del lessico tematico e degli elementi morfosintattici introdotti nell'unità
- **ascolti** supplementari
- **regole di fonetica** ed esercizi per la pronuncia
- **dossier** con attività ispirate ai temi della lezione

Elementi grafici caratterizzanti

- I seguenti **simboli** aiutano ad orientarsi fra le varie parti del volume:

CD 01 ▶ 01	rinvia al track del CD da ascoltare
i 1	rimanda all'eserciziario
ii	attività da svolgere in coppia
iii	attività da svolgere in piccoli gruppi
iiii	attività da svolgere con tutta la classe
→ 5.1	nella pagina *Grammatica e comunicazione* rimanda alla grammatica sistematica
▮	nel *Portfolio* rimanda alle attività del manuale

▶ Nelle unità del manuale ricorrono inoltre i seguenti specchietti:

Lingua
Evidenzia particolarità lessicali.

Grammatica
Evidenzia particolarità morfosintattiche.

Tipp
Suggerisce idee e 'trucchi' per lo studio autonomo.

LA STRUTTURA DELLE UNITÀ – NEI DETTAGLI

▸ La pagina iniziale

La prima pagina di ogni unità è costituita da quattro elementi:

Una suggestiva **foto**, che aiuta il discente a 'trasferirsi' idealmente in Italia e costituisce la base per l'attività introduttiva.

Il **titolo**, che chiarisce il tema centrale dell'unità.

L'attività introduttiva abbinata alla foto, che serve ad entrare in tema.

Gli **obiettivi didattici** principali dell'unità, che rendono il discente fin dall'inizio consapevole e partecipe del processo di apprendimento. Essi ricompaiono nel test di autovalutazione alla fine dell'unità, in modo da chiudere il cerchio.

La pagina iniziale in classe

La pagina iniziale è concepita principalmente come introduzione al tema dell'unità; ciò non toglie che la fotografia si possa usare anche più tardi, per esempio per ripetere il lessico o per attività di produzione.
La foto, che occupa tre quarti della pagina, e l'attività *Per iniziare* costituiscono un tutt'uno che persegue essenzialmente due obiettivi: motivare e facilitare.

Motivare

L'obiettivo primario è quello di favorire la motivazione facendo appello ai fattori di carattere emotivo-affettivo che influenzano l'apprendimento, infatti

- l'immagine crea un'atmosfera e permette così al discente di 'uscire' dall'aula per trasferirsi in Italia.
- lo stimolo visivo, caratterizzato da colori e movimento, libera la fantasia e aiuta così anche i discenti tendenzialmente meno creativi.

- la foto e l'attività ad essa abbinata chiamano in causa l'esperienza di vita e la conoscenza del mondo di cui i discenti dispongono, aumentando così il coinvolgimento personale.
- la pagina iniziale, nel suo complesso, fornisce implicitamente elementi di civiltà italiana che accrescono l'interesse del discente.

Facilitare
Il secondo obiettivo è quello di facilitare l'approccio al tema dell'unità e l'avvicinamento alle nuove strutture linguistiche, infatti

- l'atmosfera che si viene a creare contribuisce ad abbattere le 'barriere', a diminuire la paura del nuovo, cui si andrà incontro non con timore ma con curiosità.
- l'appello al vissuto e all'enciclopedia personale del discente attiva un meccanismo mentale che fa affiorare le conoscenze pregresse.
- l'attività introduttiva prevede spesso l'utilizzo della foto per l'attivazione di lessico rilevante costruendo così un 'ponte' di passaggio verso l'attività successiva.
- la pagina iniziale offre dunque un ingresso articolato e graduale nell'unità che il docente potrà ulteriormente arricchire 'modellandolo' sulle caratteristiche e sulle esigenze della classe.

Procedimento
Esistono molti modi per utilizzare la foto e l'attività iniziale: potrete, per esempio, trasformare la foto in un puzzle (fotocopiandola e ritagliandola opportunamente) o in un indovinello per la classe (coprendola e mostrandola a pezzi); oppure potrete fare perno sull'esperienza di vita dei discenti e/o sui loro ricordi personali; o ancora lavorare sulla fantasia e sulle libere associazioni... Nelle pagine dedicate alle singole unità troverete di volta in volta suggerimenti mirati, ma nulla v'impedisce di inventare altri procedimenti: l'importante è che teniate sempre ben presenti i due obiettivi illustrati più sopra.

▶ Le pagine centrali

Le 6-8 pagine successive a quella iniziale sviluppano il tema centrale considerandone almeno due aspetti, che schematicamente possiamo riassumere in questo modo:

1	*Studio l'italiano!*	→	Fare conoscenza in Italia – Fare conoscenza in classe
2	*Incontri*	→	Raccontare di sé: la professione – l'origine (Paese e città)
3	*Un caffè, per favore!*	→	Al bar – Abitudini a colazione
4	*Tutti i santi giorni*	→	Routine quotidiana – Il fine settimana
5	*Usciamo insieme?*	→	Informazioni per trovare un punto d'incontro – Al ristorante
6	*E tu, cosa hai fatto?*	→	Un'esperienza di lavoro – Un'esperienza privata (una festa)
7	*Che hobby hai?*	→	Sport e altri hobby – La cucina come hobby: fare la spesa
8	*Ci vediamo?*	→	Descrivere la propria città – In visita in una città sconosciuta
9	*Il mio mondo*	→	I miei vicini – La mia famiglia
10	*Finalmente è venerdì!*	→	Prenotare un weekend – Proporre mete per un weekend

Queste 6-8 pagine

- servono a introdurre, analizzare e riutilizzare il lessico, le funzioni comunicative e le strutture morfosintattiche contestuali al tema centrale e ai sottotemi trattati.
- presentano input orali e scritti opportunamente alternati.
- contengono esercizi di fissaggio guidati, attività comunicative libere, giochi.
- consentono di esercitare tutte e quattro le abilità linguistiche.
- iniziano sempre con l'attività 2 e si concludono sempre con un compito finale, da svolgere in piccoli gruppi o con tutta la classe, che mira a riprendere e riutilizzare tutto ciò che si è imparato nel corso dell'unità mettendo in gioco in modo integrato diverse abilità linguistiche.
- presentano una struttura che consente a docenti e discenti di orientarsi facilmente:

Orientarsi con i colori
Ogni lezione è caratterizzata da un certo colore che si ritrova non solo nel riquadro con il numero dell'unità al margine della pagina, ma anche in tutti gli elementi grafici strutturanti (numerazione delle attività, sottopunti, pittogrammi ecc.).

Chiara strutturazione delle attività
I sottopunti sono chiaramente indicati ed evidenziati tramite il colore.

Modalità di lavoro e forme di cooperazione
Quest'indicazione
- facilita al docente la preparazione della lezione e la gestione della classe.
- aiuta il discente a orientarsi anche in caso di attività movimentate.

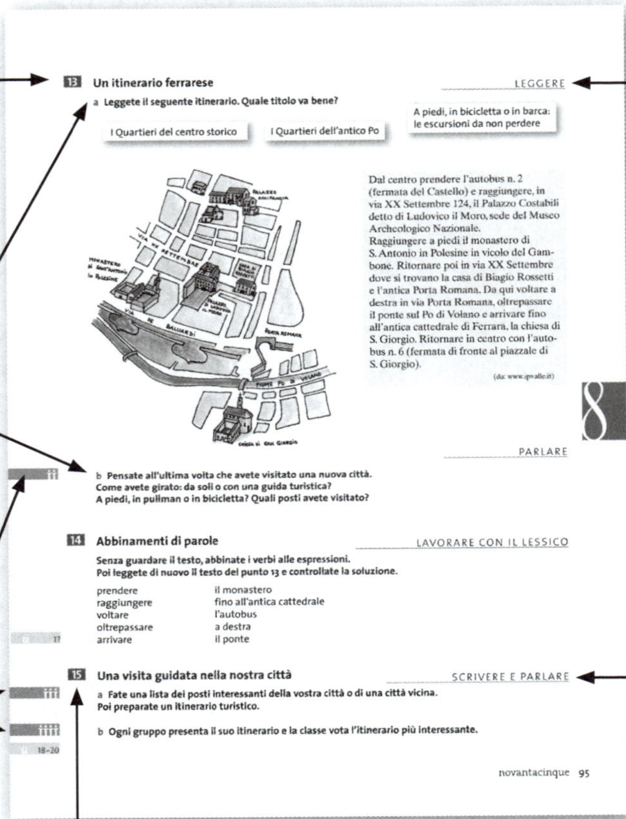

13 Un itinerario ferrarese — LEGGERE

a Leggete il seguente itinerario. Quale titolo va bene?

I Quartieri del centro storico | I Quartieri dell'antico Po | A piedi, in bicicletta o in barca: le escursioni da non perdere

Dal centro prendere l'autobus n. 2 (fermata del Castello) e raggiungere, in via XX Settembre 124, il Palazzo Costabili detto di Ludovico il Moro, sede del Museo Archeologico Nazionale.
Raggiungere a piedi il monastero di S. Antonio in Polesine in vicolo del Gambone. Ritornare poi in via XX Settembre dove si trovano la casa di Biagio Rossetti e l'antica Porta Romana. Da qui voltare a destra in via Porta Romana, oltrepassare il ponte sul Po di Volano e arrivare fino all'antica cattedrale di Ferrara, la chiesa di S. Giorgio. Ritornare in centro con l'autobus n. 6 (fermata di fronte al piazzale di S. Giorgio).

(da: www.ipvalle.it)

PARLARE

b Pensate all'ultima volta che avete visitato una nuova città. Come avete girato: da soli o con una guida turistica? A piedi, in pullman o in bicicletta? Quali posti avete visitato?

14 Abbinamenti di parole — LAVORARE CON IL LESSICO

Senza guardare il testo, abbinate i verbi alle espressioni. Poi leggete di nuovo il testo del punto 13 e controllate la soluzione.

prendere	il monastero
raggiungere	fino all'antica cattedrale
voltare	l'autobus
oltrepassare	a destra
arrivare	il ponte

15 Una visita guidata nella nostra città — SCRIVERE E PARLARE

a Fate una lista dei posti interessanti della vostra città o di una città vicina. Poi preparate un itinerario turistico.

b Ogni gruppo presenta il suo itinerario e la classe vota l'itinerario più interessante.

novantacinque 95

Indicazione del tipo di attività
Quest'indicazione
- conferisce ordine e sistematicità alla struttura della lezione.
- facilita l'orientamento a docenti e discenti.
- rende trasparenti gli obiettivi didattici delle singole attività e la concatenazione delle attività nell'ambito della lezione.
- rende il discente consapevole e partecipe del processo d'apprendimento.
- rende più semplice e rapida la preparazione da parte del docente.

Segnalazione dell'uso integrato di varie abilità
È una caratteristica specifica ma non esclusiva del compito finale.

Compito finale
L'ultima attività della lezione è sempre costituita da un compito finale da eseguire generalmente in due fasi: realizzazione in piccoli gruppi e successiva presentazione dei risultati all'intera classe. Qui i discenti devono riutilizzare tutto ciò che hanno imparato nel corso dell'unità.

▸ Culture a confronto

Questa pagina è specificamente dedicata all'interculturalità. Non si tratta, infatti, della classica rubrica che riguarda gli usi e i costumi d'Italia, ma di una serie di attività contestualizzate che consentono al discente di mettere la cultura italiana in relazione con la propria cultura d'origine al fine di individuare differenze e somiglianze. In questo modo si va oltre la pura trasmissione e conoscenza di informazioni socioculturali: il discente potrà rapportare il proprio 'mondo' al 'mondo' degli italiani per riflettere su entrambi, rendendosi conto, fra l'altro, anche dei reciproci stereotipi (consapevolezza interculturale). La coscienza delle somiglianze e delle differenze fra le due culture consentirà inoltre al discente di muoversi con maggiore disinvoltura in Italia evitando anche le tipiche "trappole" che lo possono indurre a comportarsi in modo inadeguato o a commettere una gaffe (competenza interculturale).

Contestualizzazione
Partendo dai temi trattati nell'unità, si mette a fuoco di volta in volta un aspetto o una situazione rilevante dal punto di vista interculturale.

Immagini
Disegni, foto e documenti autentici di altro tipo facilitano la comprensione, liberano la fantasia, 'sciolgono' la lingua e favoriscono la comunicazione.

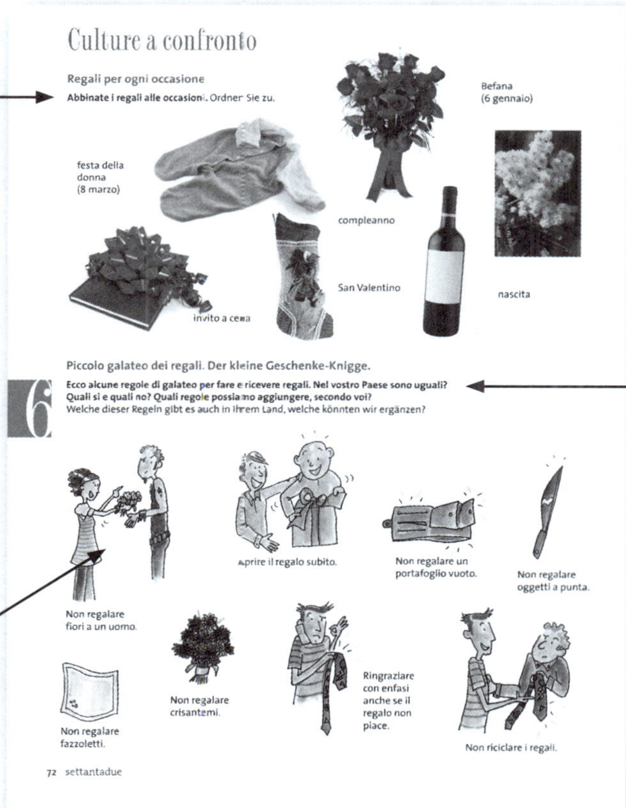

Dialogo e confronto
Si invitano i discenti a discutere mettendo a confronto la cultura italiana con la cultura d'origine. Quest'attività risulterà ancora più ricca di spunti se in classe saranno presenti persone di diverse nazionalità.

Procedimento
Le attività verranno svolte dapprima dagli studenti, in coppia o in gruppo, seguendo le indicazioni del manuale. Alla fine riprenderete la guida della classe per concludere l'attività in plenum: raccoglierete i risultati del lavoro di gruppo affinché diventi patrimonio comune (e magari fonte di ulteriori discussioni e approfondimenti), chiarirete eventuali dubbi, fornirete altre informazioni ecc. In un primo periodo queste attività verranno svolte nella lingua madre dei discenti, ma pian piano si cercherà di dare sempre più spazio all'italiano. Informazioni specifiche sui temi trattati si trovano in questa Guida nelle pagine dedicate alle singole lezioni.

▶ Grammatica e comunicazione

Questa pagina riassume schematicamente tutte le strutture linguistiche comparse nel corso dell'unità ed è concepita come strumento di rapida consultazione; le spiegazioni vere e proprie si trovano invece nella grammatica sistematica alle pp. 187-210. All'inizio del corso informate dunque gli studenti che queste pagine sono destinate principalmente allo studio autonomo e illustratene la struttura.

Strutture morfosintattiche
Le tabelle presentano in forma compatta e schematica tutti gli elementi morfosintattici introdotti nel corso della lezione.

Funzioni comunicative
Qui si riassumono, con alcuni esempi, le funzioni comunicative presentate nel corso dell'unità.

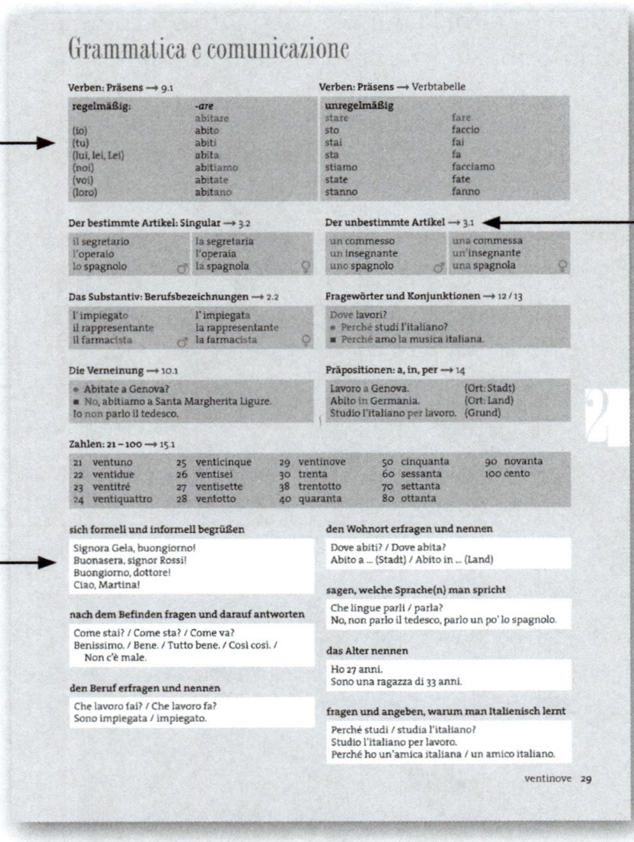

Grammatica e comunicazione

Verben: Präsens → 9.1

regelmäßig:	*-are*
	abitare
(io)	abito
(tu)	abiti
(lui, lei, Lei)	abita
(noi)	abitiamo
(voi)	abitate
(loro)	abitano

Verben: Präsens → Verbtabelle

unregelmäßig	
stare	fare
sto	faccio
stai	fai
sta	fa
stiamo	facciamo
state	fate
stanno	fanno

Der bestimmte Artikel: Singular → 3.2

♂	♀
il segretario	la segretaria
l'operaio	l'operaia
lo spagnolo	la spagnola

Der unbestimmte Artikel → 3.1

♂	♀
un commesso	una commessa
un insegnante	un'insegnante
uno spagnolo	una spagnola

Das Substantiv: Berufsbezeichnungen → 2.2

♂	♀
l'impiegato	l'impiegata
il rappresentante	la rappresentante
il farmacista	la farmacista

Fragewörter und Konjunktionen → 12 / 13

Dove lavori?
• Perché studi l'italiano?
■ Perché amo la musica italiana.

Die Verneinung → 10.1

• Abitate a Genova?
■ No, abitiamo a Santa Margherita Ligure.
Io non parlo il tedesco.

Präpositionen: a, in, per → 14

Lavoro a Genova.	(Ort: Stadt)
Abito in Germania.	(Ort: Land)
Studio l'italiano per lavoro.	(Grund)

Zahlen: 21 – 100 → 15.1

21 ventuno	25 venticinque	29 ventinove	50 cinquanta	90 novanta
22 ventidue	26 ventisei	30 trenta	60 sessanta	100 cento
23 ventitré	27 ventisette	38 trentotto	70 settanta	
24 ventiquattro	28 ventotto	40 quaranta	80 ottanta	

sich formell und informell begrüßen

Signora Gela, buongiorno!
Buonasera, signor Rossi!
Buongiorno, dottore!
Ciao, Martina!

nach dem Befinden fragen und darauf antworten

Come stai? / Come sta? / Come va?
Benissimo. / Bene. / Tutto bene. / Così così. / Non c'è male.

den Beruf erfragen und nennen

Che lavoro fai? / Che lavoro fa?
Sono impiegata / impiegato.

den Wohnort erfragen und nennen

Dove abiti? / Dove abita?
Abito a ... (Stadt) / Abito in ... (Land)

sagen, welche Sprache(n) man spricht

Che lingue parli / parla?
No, non parlo il tedesco, parlo un po' lo spagnolo.

das Alter nennen

Ho 27 anni.
Sono una ragazza di 33 anni.

fragen und angeben, warum man Italienisch lernt

Perché studi / studia l'italiano?
Studio l'italiano per lavoro.
Perché ho un'amica italiana / un amico italiano.

ventinove 29

Rimando alla grammatica sistematica
Consente agli studenti di trovare facilmente le spiegazioni grammaticali relative ai vari argomenti.

▸ Imparare a imparare: la pagina del Portfolio

Nell'ultima pagina di ogni unità sono più evidenti che altrove le tracce del *Quadro comune di riferimento* e del *Portfolio europeo delle lingue*.

Qui lo studente è chiamato a fermarsi un attimo per 'fare il punto' sul suo processo di apprendimento prima di andare avanti. Ogni pagina di questo tipo contiene due rubriche, ognuna delle quali svolge una specifica funzione.

Autovalutazione
Qui vengono elencati gli obiettivi d'apprendimento più importanti di ogni unità in modo che il discente possa valutare se li ha raggiunti oppure no, documentando la sua valutazione con una crocetta sotto l'apposita faccina. Nell'ultima colonna a destra, sotto il simbolo del libro, si trova il rimando all'attività del manuale in cui viene trattato l'argomento in questione, in modo che lo studente possa ripeterlo, se lo ritiene opportuno.

Strategie di apprendimento
Questa rubrica è dedicata alla riflessione sulle strategie e abilità di studio (ascolto, lettura, decodificazione di vocaboli sconosciuti, archiviazione e memorizzazione delle parole nuove, ecc.). Attraverso le 10 unità del volume si snoda così un'articolata riflessione volta a sviluppare la capacità di imparare, che è fondamentale ai fini dell'autonomia del discente.
Le attività si articolano in due fasi:

partendo da un esempio pratico lo studente viene guidato nella riflessione individuale su una particolare strategia o abilità.

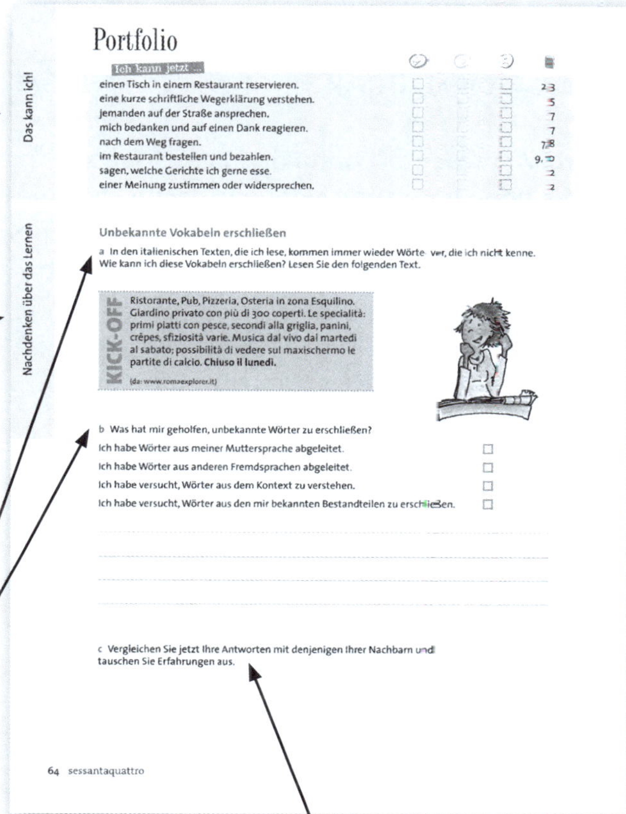

Portfolio

Das kann ich!

Ich kann jetzt ...

einen Tisch in einem Restaurant reservieren.	☐	☐	☐	2.3
eine kurze schriftliche Wegerklärung verstehen.	☐	☐	☐	5
jemanden auf der Straße ansprechen.	☐	☐	☐	7
mich bedanken und auf einen Dank reagieren.	☐	☐	☐	7
nach dem Weg fragen.	☐	☐	☐	7.8
im Restaurant bestellen und bezahlen.	☐	☐	☐	9.10
sagen, welche Gerichte ich gerne esse.	☐	☐	☐	2
einer Meinung zustimmen oder widersprechen.	☐	☐	☐	2

Nachdenken über das Lernen

Unbekannte Vokabeln erschließen

a In den italienischen Texten, die ich lese, kommen immer wieder Wörter vor, die ich nicht kenne. Wie kann ich diese Vokabeln erschließen? Lesen Sie den folgenden Text.

KICK-OFF
Ristorante, Pub, Pizzeria, Osteria in zona Esquilino. Giardino privato con più di 300 coperti. Le specialità: primi piatti con pesce, secondi alla griglia, panini, crêpes, sfiziosità varie. Musica dal vivo dal martedì al sabato; possibilità di vedere sul maxischermo le partite di calcio. **Chiuso il lunedì.**
(da: www.romaexplorer.it)

b Was hat mir geholfen, unbekannte Wörter zu erschließen?

Ich habe Wörter aus meiner Muttersprache abgeleitet.	☐
Ich habe Wörter aus anderen Fremdsprachen abgeleitet.	☐
Ich habe versucht, Wörter aus dem Kontext zu verstehen.	☐
Ich habe versucht, Wörter aus den mir bekannten Bestandteilen zu erschließen.	☐

c Vergleichen Sie jetzt Ihre Antworten mit denjenigen Ihrer Nachbarn und tauschen Sie Erfahrungen aus.

64 sessantaquattro

il discente viene invitato a confrontarsi con i compagni al fine di ricevere consigli e spunti per sperimentare nuove strategie.

Procedimento

Autovalutazione: Spiegate bene la funzione di queste attività perché è importante che non vengano vissute come un esame, ma come un momento di crescita nell'apprendimento. Create dunque un'atmosfera rilassata, magari con musica di sottofondo, e introducete l'autovalutazione, sottolineando che ha lo scopo di aiutare il singolo discente a fare il punto della situazione, per verificare che cosa ha imparato finora e che cosa sarebbe meglio ripetere. Dite che in quanto autovalutazione, non verrà commentata da nessuno, ma lo studente potrà, sulla base dei risultati e se lo vorrà, chiedere consigli all'insegnante (a tu per tu). Lasciate quindi agli studenti abbastanza tempo per pensare.

Strategie: Seguite le indicazioni del manuale tenendo conto delle precisazioni che troverete di volta in volta nelle pagine della Guida dedicate alle singole lezioni. Dedicatevi tutto il tempo necessario a far sì che vengano svolte con tranquillità in un clima di condivisione e aiuto reciproco.

Prima di proporre questa pagina in classe, riflettete voi stessi soprattutto sulle strategie per prepararvi a rispondere a eventuali domande e a fornire, se necessario, ulteriori suggerimenti.
La pagina del Portfolio si può utilizzare anche tramite il CD-ROM (vedi *I CD*).

ANCORA PIÙ CHIARO

Chiaro! A1 presenta 3 unità di ripasso: dopo la quarta, dopo la settima e dopo la decima lezione. Ognuna di esse si compone di due elementi: un compito da eseguire in piccoli gruppi o con tutta la classe e un gioco.

- Nella prima parte c'è sempre un **compito** (costituito da una sequenza di attività) contestualizzato e legato ai contenuti delle unità precedenti. Qui i discenti devono interagire e collaborare – mettendo in gioco diverse abilità linguistiche 'integrate' fra loro – per ottenere un risultato comune. In questo modo ripasseranno non solo il lessico, le funzioni comunicative e la grammatica apprese finora, ma anche gli aspetti socioculturali trattati nelle lezioni di riferimento. A conclusione dell'attività si avrà un prodotto realizzato dal gruppo e scritto nell'apposita pagina, quale tangibile prova del lavoro svolto.

Procedimento
Seguite le indicazioni del manuale avendo cura di formare i gruppi in maniera oculata. Coordinate i lavori con particolare puntiglio organizzando anche lo spazio in maniera opportuna affinché tutti i gruppi possano lavorare alacremente senza però disturbarsi a vicenda. In questa fase sistematevi in un punto dell'aula che vi consenta di non disturbare il lavoro e di segnalare, nel contempo, la vostra disponibilità a rispondere a qualsiasi domanda. Se volete, potete mettere una musica di sottofondo.
Prestate poi particolare attenzione alla presentazione dei prodotti realizzati, secondo le modalità di volta in volta previste, tenendo debito conto della conformazione dell'aula e dedicando a questa fase abbastanza tempo: per i discenti si tratta di un appuntamento fisso che segna il raggiungimento di un traguardo nel processo d'apprendimento ed è importante che ciò venga messo in evidenza. Fate dunque in modo che sia un momento di condivisione e di gratificazione per il lavoro svolto, creando un'atmosfera rilassata e sottolineando i progressi compiuti.

- Nella seconda parte c'è un gioco da fare in gruppo con pedine e dadi messi a disposizione dall'insegnante. Le istruzioni sono in tedesco e il principio è quello classico del gioco dell'oca, ma – come nella prima attività di ripasso – anche qui l'idea guida è quella del **compito** da eseguire per poter procedere e raggiungere il traguardo: si avrà così una ripetizione ludica delle strutture lessicali e morfosintattiche apprese nelle lezioni precedenti.

Procedimento
Dividete la classe in gruppi, consegnate dadi e pedine, fate leggere le regole accertandovi che siano chiare (sono sempre uguali) e dite agli studenti quanto tempo hanno a disposizione. Sistematevi poi in un punto dell'aula che vi consenta di non disturbare il gioco e di segnalare, nel contempo, la vostra disponibilità a rispondere a qualsiasi domanda.

L'ESERCIZIARIO

Dopo le 10 unità si trova l'*Eserciziario* (pp. 124-186), concepito essenzialmente per lo studio autonomo a casa, ma adatto anche ad integrare le attività svolte in classe. Nelle pagine del manuale troverete costantemente i rimandi agli esercizi da abbinare alle attività che state svolgendo.
Ogni unità dell'*Eserciziario* è costituita da 6 pagine. Le prime 5 seguono la progressione della corrispondente unità del manuale presentando numerosi esercizi di consolidamento delle funzioni comunicative, del lessico e degli elementi morfosintattici introdotti nell'unità, nonché esercizi

di lettura e di scrittura. Tutti gli esercizi sono concepiti in modo che lo studente li possa svolgere autonomamente a casa, correggendoli poi da solo grazie alle soluzioni riportate nell'apposito fascicolo. La contestualizzazione e la varietà degli esercizi sono studiate per rendere piacevole e motivante lo studio individuale a casa. L'eserciziario offre inoltre la possibilità di esercitare la comprensione auditiva con alcune registrazioni che si possono ascoltare con il CD-ROM; in questo caso il discente ha a disposizione anche le trascrizioni, che troverà a pp. 242-246 del libro.
L'ultima pagina di ogni lezione si distingue dalle altre per il colore e per la struttura. Questa pagina è infatti divisa in due parti:

- **Fonetica**

Qui vengono trattati alcuni importanti fenomeni della fonetica italiana, scelti fra quelli che normalmente creano maggiori difficoltà ai discenti stranieri e segnalati nell'indice generale. Partendo da elementi noti, gli studenti vengono guidati nell'identificazione e formulazione delle regole. Segue l'applicazione pratica in appositi esercizi di pronuncia e intonazione da svolgere con il CD-ROM. Anche se le attività che riguardano la fonetica si trovano nell'eserciziario, nulla vi impedisce di utilizzarle in classe nel momento che riterrete più opportuno. In ogni caso, prima di assegnare tali esercizi, accertatevi che i vostri allievi capiscano la trascrizione di quei suoni per i quali si sono usati simboli dell'alfabeto fonetico.

- **Dossier**

In linea con i principi del *Portfolio europeo delle lingue*, si invita il discente a raccogliere i lavori che riesce a realizzare in lingua italiana. Questa pagina propone a tal fine attività di vario tipo legate al tema centrale dell'unità. I quadretti invitano alla scrittura, ma non offrono spazio sufficiente: esortate perciò gli studenti ad archiviare questi esercizi in un apposito quaderno, meglio se ad anelli, e/o lavorando con il CD-ROM (vedi *I CD*). Ne uscirà un dossier personale che costituirà per il discente una documentazione cronologica dei progressi compiuti e quindi una prova tangibile dei piccoli e grandi successi conseguiti nell'apprendimento dell'italiano. Esso potrebbe, inoltre, rivelarsi utile se uno studente vorrà presentare domanda per una borsa di studio o un posto di lavoro poiché gli consentirà di dimostrare concretamente quali compiti sa svolgere in lingua straniera.
Il Dossier è previsto come compito da eseguire autonomamente a casa, per evidenziarne l'utilità si potrà però chiedere agli studenti di portarlo poi in classe per correggerlo insieme a un compagno con il metodo illustrato più sopra (vedi *Produzione scritta*).

I test

Dopo la quarta, la settima e la decima lezione l'*Eserciziario* presenta un test di ripasso che offre al discente l'occasione di mettersi alla prova e verificare le proprie conoscenze. Diversamente da quanto avviene nelle unità di ripasso del manuale (vedi *Ancora più chiaro*), qui è previsto che il singolo discente lavori in piena autonomia per cui si propone un test a scelta multipla.

Le chiavi

Le soluzioni di tutte le attività e dei test si trovano in un apposito fascicolo allegato al libro.

I CD

Ogni volume di ***Chiaro!*** contiene 2 CD: un normale CD audio e un CD-ROM.

▸ Il CD audio

Il CD audio (indicato nel libro come CD 01) contiene tutti i dialoghi e i testi auditivi delle lezioni del manuale. Il simbolo CD 01 ▸15 in margine alla pagina rinvia al track da ascoltare (nell'esempio: CD audio, track 15).

▸ Il CD-ROM per il discente

Il CD-ROM per il discente (indicato nel libro come CD 02) contiene

- gli ascolti dell'eserciziario e gli esercizi di fonetica: il simbolo CD 02 ▸15 in margine alla pagina rinvia al track da ascoltare (nell'esempio: CD-ROM, track 15) e il CD-ROM si usa come un normale CD audio
- la grammatica sistematica (pdf + word)
- il vocabolario del manuale (pdf + excel + word)
- le pagine del Portfolio, che contengono anche il Dossier

Il CD-ROM permette al **discente** di organizzare lo studio dell'italiano in maniera flessibile e individuale. Egli infatti potrà

- ***scaricare*** i testi audio per ascoltarli dovunque e in qualsiasi momento con un lettore mp3.
- ***stampare*** i file in formato pdf per portare con sé anche singole pagine da studiare (in treno, in autobus, dal medico...).
- ***rielaborare*** i file in formato word in modo da personalizzarli, per esempio organizzando il vocabolario in maniera più consona al proprio metodo di studio o aggiungendo degli esempi. Oppure ampliando la rubrica delle strategie di apprendimento contenuta nel Portfolio per tracciare un percorso di studio individuale. O ancora aggiungendo esempi, traduzioni, precisazioni e note nella grammatica sistematica per costruire la propria grammatica personalizzata.
- ***archiviare*** i compiti realizzati per il dossier.

Il CD-ROM offre anche al docente la possibilità di realizzare attività supplementari (per esempio esercizi per il consolidamento del lessico) o di preparare dei lucidi di grammatica.

PRIMA DI ANDARE IN CLASSE

L'insegnamento di una lingua straniera vive di comunicazione, che può essere influenzata positivamente o negativamente da molti fattori. Gli utenti-modello di ***Chiaro! A1*** sono adulti che generalmente arrivano al corso d'italiano dopo una giornata piena d'impegni e con la mente occupata da mille pensieri, il che può facilmente indurli ad una certa distrazione e passività, nemiche giurate della comunicazione: il primo compito che dovrete affrontare all'inizio della lezione sarà dunque quello di destare e 'catturare' l'attenzione degli allievi 'traghettandoli' verso i suoni e l'universo della lingua italiana. Inoltre nel vostro corso potrebbero esserci persone che non hanno studiato altre lingue straniere, persone che da tempo non sono più abituate a studiare e a vestire i panni degli allievi, persone di età diverse, persone con motivazioni e interessi molto differenti: va da sé che la comunicazione si potrà realizzare solo in un clima favorevole. Una buona dinamica di gruppo e una bella intesa fra docente e discenti è indispensabile anche perché ***Chiaro!*** invita gli studenti a collaborare fra di loro e con l'insegnante per andare insieme alla scoperta della lingua: se non funziona l'atmosfera, è difficile che funzioni l'apprendimento. È pertanto consigliabile dedicare costante attenzione a questi aspetti, curando in modo particolare il primo approccio con la classe all'inizio del corso e le fasi di apertura e chiusura di ogni lezione.

Il primo approccio con la classe

Per i motivi appena illustrati, converrà investire del tempo per creare l'atmosfera e per dare modo alla classe di cominciare a trasformarsi da un insieme disordinato e anonimo di sconosciuti in un gruppo capace di fare 'gioco di squadra': l'affiatamento è la prima 'garanzia di lunga vita' di un corso per adulti. Curate dunque la disposizione dei banchi badando che tutti possano vedersi in faccia. Iniziate con un saluto in italiano e poi presentatevi nella lingua dei discenti. Formate quindi delle coppie o dei gruppetti ed invitate gli studenti a raccontare qualcosa di sé ai compagni, dicendo in particolare perché studiano l'italiano, se sono già stati in Italia, ecc. Avvertiteli che alla fine ognuno di loro presenterà uno dei compagni con cui ha parlato, inserite una musica strumentale a basso volume e dite che darete il segnale di fine attività aumentando il volume. Lasciate ai gruppi una decina di minuti per parlare liberamente nella loro lingua madre o in una lingua franca e poi passate alle presentazioni, che vi consentiranno di ottenere importanti informazioni sulla composizione della classe (se vi sono persone di diverse nazionalità, se si tratta di veri o falsi principianti, quali sono le aspettative, ecc.). Per concludere potete invitare gli studenti a scrivere il proprio nome su un foglietto da sistemare in modo tale che risulti ben leggibile per tutti. Questa prima conversazione informale – o un altro tipo di approccio suggerito dalla vostra fantasia e dalla vostra esperienza – consentirà di rompere il ghiaccio. Presentate poi il manuale (magari partendo dalla foto in copertina – scattata a Massa Marittima – o favorendo la scoperta attiva con la scheda disponibile sul sito Internet), il CD, il CD-ROM per il discente, gli obiettivi didattici perseguiti e la metodologia. È bene che gli studenti sappiano fin dall'inizio come si lavorerà in classe, ma al fine di evitare un lungo monologo vi converrà usare la prima lezione per illustrare le modalità di esecuzione e lo scopo delle singole attività: è fondamentale che i discenti abbiano sempre chiaro che cosa devono fare e perché gli si propone una certa attività.

Per iniziare l'ora

Per i motivi citati più sopra è importante concedere ogni volta agli studenti qualche minuto per 'arrivare' al corso d'italiano anche mentalmente. Questi minuti iniziali potranno essere dedicati, per esempio, ad un'attività rompighiaccio e ad un ripasso da fare in coppia in modo da riprendere il filo del discorso: gli studenti potranno rivedere insieme il contenuto dell'ultima lezione e gli esercizi svolti a casa, sciogliendo eventuali dubbi, eventualmente con l'aiuto dell'insegnante. Un 'effetto secondario' di quest'attività è che l'insegnante, rispondendo alle richieste d'aiuto dei discenti, può instaurare un rapporto più diretto con i singoli anche se il gruppo è numeroso. A seconda dei casi, si potranno anche formare delle coppie in cui uno studente presente all'ultima lezione metterà al corrente un compagno assente in quell'occasione.

Per concludere

È consigliabile programmare i tempi di lavoro con una certa cura in base alle caratteristiche del gruppo in questione: si eviterà così di lasciare delle attività in sospeso. Così come un'accoglienza iniziale, sarebbe bene prevedere anche un congedo, cioè una fase finale in cui si tirano le somme del lavoro svolto e si annuncia come si proseguirà la volta successiva.

L'italiano in classe

Nella maggior parte dei casi la lingua comune dei vostri allievi sarà la loro lingua madre o quella del Paese in cui si trovano. Perciò in ***Chiaro! A1*** le consegne delle attività sono formulate in due lingue fino alla lezione 6: in questo modo anche i discenti senza conoscenze pregresse capiranno il compito assegnato, il che contribuirà a renderli consapevoli e partecipi del processo di apprendimento. Pian piano gli studenti impareranno anche a riconoscere le espressioni italiane che ricorrono ripetutamente e saranno quindi in grado di cavarsela con le consegne formulate prevalentemente in italiano, che compaiono a partire dalla lezione 7. Fin dall'inizio, però, gli studenti vengono incoraggiati ad usare l'italiano per la comunicazione in classe: al punto 11 della prima unità (pp. 15-16) troverete un'attività specificamente dedicata all'uso delle espressioni più utili. La rubrica *Kurssprache Italienisch* (p. 8), invece, non è concepita come introduzione alla lingua italiana, bensì come pagina da consultare quando non ci si ricorda la frase opportuna: trovandosi all'inizio del libro è sempre a portata di mano, ma non sarà la pagina con cui comincerete il corso.

In un corso per principianti assoluti è sicuramente accettabile che la lingua veicolare sia la lingua madre dei discenti, almeno nel primo periodo: starà a voi ridurne progressivamente l'uso in maniera oculata, cioè tenendo conto delle caratteristiche del gruppo. La rubrica *Kurssprache Italienisch* vi servirà anche come punto di riferimento per incoraggiare gli studenti ad esprimersi il più possibile in italiano.

Le correzioni

"Sbagliando s'impara": non è solo un modo di dire, ma un dato ormai acquisito nell'ambito della glottodidattica. Commettere errori, infatti, è normale, anzi addirittura necessario perché solo con la sperimentazione l'interlingua del discente – in continua evoluzione – potrà svilupparsi. Molti discenti però – e gli adulti in particolare – non amano quest'aspetto della sperimentazione, soprattutto perché temono la classica 'brutta figura' (in primo luogo di fronte a se stessi). È perciò importante evitare di correggere immediatamente ogni singolo errore, anche perché a livello A1, data la frequenza con cui gli errori vengono commessi, significherebbe bloccare sul nascere qualsiasi comunicazione. Naturalmente si correggeranno gli errori in quegli esercizi in cui è richiesta correttezza morfosintattica perché tali attività sono mirate al fissaggio delle strutture introdotte, ma lo si farà possibilmente incoraggiando gli studenti ad autocorreggersi. Durante la libera comunicazione in plenum si correggeranno principalmente quegli errori che ostacolano la comunicazione stessa e/o che si ripetono ostinatamente, sorvolando sugli altri, e anche in questo caso con discrezione e incoraggiando i discenti ad autocorreggersi. Non si interverrà invece in alcun modo durante le produzioni orali libere che i discenti svolgeranno in coppia o in gruppo: lì dovrà regnare la più assoluta libertà. In tutti i casi, si metterà sempre in risalto ciò che gli studenti saranno riusciti a fare bene, facendo propria la filosofia del "can do" propugnata dal Quadro comune e recepita da ***Chiaro!***

Studio l'italiano!

Tema: fare conoscenza (in Italia, in classe).

Obiettivi comunicativi: salutare; congedarsi; presentarsi; chiedere il nome; presentare qualcuno; chiedere e dire la provenienza (nazionalità e città d'origine); chiedere il numero di telefono/cellulare e dare il proprio.

Grammatica e lessico: i verbi *chiamarsi*, *essere* e *avere* (sing.); i pronomi personali sogg. sing.; il singolare dei sostantivi; il singolare degli aggettivi; la concordanza aggettivo / soggetto *(sono italiano/-a)*; alcuni interrogativi *(Come...?; Di dove...?; Che cosa...?; Che...?)*; gli articoli *il*, *la*; la preposizione *di*; alcune formule di saluto e congedo; aggettivi di nazionalità; l'alfabeto; espressioni utili alla comunicazione in classe; i numeri da 0 a 20.

1

Premessa: Trattandosi della prima lezione di un corso, sarà bene iniziare con una fase introduttiva come quella illustrata a p. 28 di questa Guida. E se anche alla fine dell'ora avrete "fatto" solo poche pagine del libro, pazienza: è più importante costruire basi solide per il lavoro di squadra.

1 Per iniziare

Obiettivo: mettere in luce l'immagine dell'Italia che i discenti 'portano a lezione' (compresi eventuali stereotipi) e con essa gli 'oggetti' di studio: la lingua e il mondo degli italiani.

Procedimento: In questa fase non si lavora ancora con la lingua, ma solo sull'immagine del Paese che i discenti hanno in mente: le parole italiane che forse verranno citate, verranno semplicemente annotate come tutte le altre proposte (ci tornerete sopra con l'attività 2). Quest'attività si svolgerà comunque nella lingua madre dei discenti.
Dividete dunque la classe in coppie o gruppi (magari gli stessi delle presentazioni), fate aprire il libro a p. 9 e invitate gli studenti a rispondere alla domanda facendosi ispirare dalla foto: a che cosa li fa pensare questa foto? Quali idee / parole gli vengono in mente guardandola? E quando pensano all'Italia, gli viene in mente un'immagine di questo tipo o qualcosa di diverso? Cosa? Perché? Sottolineate che non importa se si sia già stati in Italia o no, ciò che conta è riflettere sull'idea che si ha di questo Paese (anche solo per sentito dire). Lasciate agli studenti circa 5 minuti per parlare liberamente in gruppo (ma se vedete che stanno discutendo animatamente, allungate pure i tempi), magari con una musica strumentale di sottofondo. Riportate poi l'attività in plenum e chiedete a una persona per gruppo di riassumere quello che è venuto fuori. Accogliete tutte le idee senza commenti e annotatele alla lavagna realizzando una sorta di mind-map. Alla fine non commentate le idee degli studenti, ma dite loro

che il corso non si propone di fare *tabula rasa* della loro immagine dell'Italia per costruirne una nuova, ma di lavorare sull'immagine esistente per "affinarla". Potrete anche chiedere se qualcuno sa dove si trovi il luogo fotografato; se nessuno lo sa, dite che si trova sulla costa amalfitana (la località è Ravello) e indicate la zona sulla carta d'Italia all'interno della copertina, aggiungendo che durante il corso si avrà modo di conoscere, sia pure a distanza, diverse località italiane.

Alternativa: Se preferite, potete anche iniziare a libro chiuso lavorando sulle immagini mentali. Chiedete agli studenti di chiudere gli occhi per un minuto e di pensare all'Italia: quali immagini si presentano alla loro mente? Formate poi delle coppie o dei gruppi e fate aprire il libro a p. 9, invitate gli studenti a guardare la foto e a dirsi se le immagini che hanno "visto" poco prima assomigliano a quella di p. 9 o no e perché. Se non le assomigliano, a che cosa li fa pensare questa foto? Che cos'altro associano spontaneamente all'Italia? Procedete quindi come illustrato più sopra.
Poiché si tratta della prima lezione, spiegate anche la funzione del riquadro con gli obiettivi didattici che si trova in ogni pagina iniziale (vedi p. 20, *La pagina iniziale*).

2 Cose d'Italia

(LAVORARE CON IL LESSICO)

Obiettivi: attivare conoscenze pregresse per rendersi conto che non si parte da zero e avviare i discenti a lavorare con il lessico.

Procedimento: **a.** Chiedete ai discenti di svolgere il compito dapprima individualmente. Poi dividete la classe in piccoli gruppi diversi da quelli del punto 1 e chiedete agli studenti di confrontare le soluzioni. Alla fine verificate in plenum indicando le foto e facendovi dire dagli studenti quali parole vi hanno abbinato.
La foto numero 2 è scattata a Monterosso (Cinque Terre, Liguria). La foto numero 7 raffigura Piazza del Mercato a Lucca. Nella foto numero 11 si vede l'Arena di Verona.

b. Chiedete ai discenti di classificare le parole in base alle categorie indicate accertandovi che le definizioni siano chiare e precisando che alcune parole (come *gelato*) si possono inserire in più di una categoria. Fate svolgere quest'attività individualmente in modo che ognuno rifletta sulle proprie categorie mentali. Seguirà un confronto in plenum nel corso del quale darete per buone tutte le soluzioni accettabili, facendo notare come ogni persona abbia un suo modo di pensare e dunque di lavorare con la lingua (osservazione che riprenderete per l'attività sulle strategie contenuta nel Portfolio). Aggiungete che nel libro si troveranno spesso attività di classificazione come questa: i discenti impareranno così ad archiviare i vocaboli con un certo ordine e una certa logica per poterli ancorare saldamente nella propria memoria a lungo termine.

c. Ricomponete i gruppi del punto **a**, leggete la consegna, accertatevi che il compito sia chiaro e raccomandate ai discenti di svolgerlo in due fasi proprio come richiesto, cercando dunque, nella seconda fase, di creare loro stessi delle categorie prendendo spunto da quelle del punto **b**. Sottolineate che non è importante scrivere correttamente le parole, bensì farsele venire in mente e condividerle con i compagni. Date a ogni gruppo un foglio abbastanza grande e un pennarello, stabilite un tempo massimo e poi lasciateli lavorare da soli. Alla fine chiedete a ogni gruppo di presentare la propria raccolta di parole e, se possibile, fate appendere i fogli in modo che siano visibili a tutti. Concludete l'attività evidenziando il patrimonio di lingua italiana già esistente e sottolineando che sarà importante utilizzarlo durante lo studio. Fate notare la presenza del *Tipp* e spiegate che i riquadri di questo tipo suggeriscono idee per lo studio autonomo.

Soluzione:
a. pasta – 5; museo – 4; mercato – 9; mare – 2; gelato – 3; stazione – 1; macchina – 10; opera – 11; vino – 8; piazza – 7; treno – 12; albergo – 6

Soluzione possibile:
b. **cibo e bevande** → pasta, gelato, vino; **trasporti** → macchina, treno; **tempo libero** → museo, mercato, opera, piazza; **vacanze** → mare, stazione, albergo

3 Io sono ...
(ASCOLTARE, LEGGERE, ANALIZZARE)

Obiettivi: **a.** primo approccio alla comprensione auditiva; **b.** - **d.** imparare a salutare, a presentarsi e a chiedere a una persona il suo nome.

Grammatica e lessico: i verbi *chiamarsi* ed *essere*; alcune formule di saluto.

Procedimento: Trattandosi dei primi dialoghi, sarà il caso di tranquillizzare i discenti con le raccomandazioni illustrate a p. 7 della Guida, naturalmente a libro chiuso.

a. Fate aprire il libro a p. 11 e coprire con un foglio tutto quello che sta sotto le foto. Dite agli studenti di guardare le foto e di fare, insieme al proprio vicino, delle supposizioni sulle tre situazioni. Dite poi che ascolteranno tre dialoghi e dovranno soltanto scrivere nell'apposito quadratino il numero del dialogo corrispondente a ogni foto. Procedete quindi come indicato nell'introduzione a p. 9 *(Fase 1 – Comprensione globale)*.

b. e **c.** Chiedete agli studenti di numerare le battute in base all'ordine in cui le hanno sentite e procedete come indicato nell'introduzione a p. 10 *(Fase 2 – Comprensione più dettagliata)*.

d. Seguite le indicazioni del manuale. Precisate che bisogna evitare di tradurre e sforzarsi invece di individuare le espressioni che esprimono una certa intenzione comunicativa. Dite agli studenti che se vogliono possono riascoltare i dialoghi. Gli studenti lavoreranno dapprima da soli e poi confronteranno le soluzioni con un compagno. Si concluderà con una verifica in plenum per giungere a una soluzione comune: dopo aver diviso la lavagna in due parti scrivendo da una parte "formale" e dall'altra "informale", procedete come indicato nell'introduzione a p. 10 *(Fase 2 – Comprensione più dettagliata)*. Ottenuta la soluzione, chiedete ai discenti quali differenze notano tra le espressioni formali e quelle informali, giungerete così anche a fornire chiarimenti sui verbi *essere* e *chiamarsi*, senza però presentare tutta la coniugazione: precisate che si impareranno sempre gli elementi linguistici di volta in volta necessari a comunicare in una certa situazione, limitandosi a quelli, ma utilizzandoli subito, appunto per poter presto comunicare in italiano. Per questo motivo, se vi chiederanno spiegazioni su *chiamarsi*, vi limiterete a fornire la traduzione, dicendo che tutto il resto si imparerà più avanti. La domanda *E voi?*, che qui compare per la prima volta (p. 12 del manuale), ricorre spesso in ***Chiaro! A1*** e ha due funzioni: innanzi tutto far riutilizzare in maniera ancora semplice e guidata le strutture appena introdotte e poi 'intrecciare' la lingua italiana con la vita del discente per promuovere la motivazione. A p. 12 compare anche il primo specchietto grammaticale, spiegatene dunque la funzione (vedi p. 16 dell'introduzione: *Grammatica – Procedimento*). Se vi dovessero chiedere perché i pronomi sono fra parentesi, incoraggiate dapprima i discenti a fare loro stessi delle supposizioni e se nessuno dovesse dare la risposta giusta, limitatevi a dire che i pronomi soggetto in italiano si possono tralasciare perché i verbi contengono già tutte le informazioni sulla persona a cui si riferiscono. Ricordate agli studenti che le strutture linguistiche di ogni lezione sono riassunte nella pagina *Grammatica e comunicazione* (che avrete presentato all'inizio del corso). Potete concludere facendo leggere i dialoghi ad alta voce per evidenziare la pronuncia corretta.

Soluzioni:
a. 2; 1; 3
b.
1 Ciao.
Ciao, io sono Paolo. E tu come ti chiami?
Io sono Francesca.
2 Buongiorno. È libero qui?
Sì, prego!
Grazie. Mi chiamo Chiara Monfalco.
Piacere, Nicola Bruni.

3 Buonasera, sono la vostra insegnante. Mi chiamo Carla. Lei come si chiama?
Anch'io mi chiamo Carla. Carla Chiesa.
Ah, piacere. Carla Codevilla.

d.

	in modo formale	in modo informale
presentarsi	*Mi chiamo* (+ nome e cognome) o solo nome e cognome	*Io sono* (+ nome).
chiedere il nome	*Lei come si chiama?*	*Tu come ti chiami?*

Scheda informativa

Dare del Lei e dare del tu
In linea di massima, rivolgendosi a chi non si conosce, è d'obbligo dare del Lei. Dovrebbe essere la persona più anziana a decidere se le si deve dare del Lei oppure se dare del tu all'interlocutore.
Generalmente in Italia si dà del Lei in situazioni formali e a persone che non si conoscono; si dà invece del tu in contesti informali o familiari a persone della stessa età o, per esempio, a colleghi. Tuttavia non di rado capita di sentir usare il tu anche in situazioni formali (per esempio in un negozio).
Nel Sud si usa ancora oggi dare del voi, come segno di rispetto, a persone più anziane con le quali si ha un rapporto piuttosto familiare (per esempio, genitori di amici o vicini di casa).

4 Come ti chiami?

(PARLARE)

Procedimento: Spiegate il compito e accertatevi che sia chiaro. Fate un esempio presentandovi a uno studente e chiedendogli il suo nome. Per lo svolgimento tenete presente quanto detto a p. 14 dell'introduzione *(Produzione orale)*.

5 I saluti

(LAVORARE CON IL LESSICO)

Obiettivo: imparare a salutare e a congedarsi in diverse situazioni.

Procedimento: **a.** / **b.** Seguite le indicazioni del manuale. Per arrivare alla soluzione riproducete lo schema alla lavagna o su lucido e tenete presente quanto detto nell'introduzione a p. 10 *(Fase 2 – Comprensione più dettagliata)*.

c. Spiegate il compito previsto dal manuale e dite agli studenti che per svolgerlo sono pregati di alzarsi e girare per la classe utilizzando tutto lo spazio disponibile. Forse alcuni studenti non saranno abituati a muoversi in classe: create perciò un'atmosfera rilassata magari con l'aiuto di una musica strumentale a basso volume; dite che l'attività si concluderà quando aumenterete il volume. Tenete presente quanto detto a p. 14 dell'introduzione *(Produzione orale)*.

Soluzione: **a.**

	per salutare	per congedarsi
di giorno	*ciao, buongiorno*	*ciao, buongiorno*
di sera	*ciao, buonasera*	*ciao, buonasera*

Soluzione possibile: **b.**

	salve	*arrivederci* *buonanotte*

Scheda informativa

Ciao: formula di saluto amichevole, ormai d'uso internazionale, deriva dal veneziano *sciavo* (che si legge 's-ciavo'), cioè 'schiavo'. Equivale, dunque, a "servo (suo)".
Buonanotte: si usa nella tarda serata e prima di andare a dormire.

6 Parole, parole, parole

(LEGGERE)

Obiettivi: primo approccio con la lingua scritta, evidenziare la frequenza e l'utilità delle parole trasparenti, far affiorare competenze 'nascoste'.

Procedimento: Seguite le indicazioni del manuale, facendo lavorare gli studenti dapprima individualmente (a.) e poi in coppia (b.). Concludete con un confronto in plenum (dal quale potrebbero uscire le parole più conosciute) sottolineando l'utilità 'strategica' degli internazionalismi, evidenziata anche dal *Tipp*.

7 Di dove sei?

(ASCOLTARE, LEGGERE E ANALIZZARE)

Obiettivi: **a.** sviluppo della comprensione auditiva; **b.** - **c.** fissare espressioni utili per presentare una persona, chiedere e dire la provenienza.

Grammatica e lessico: la preposizione *di* (+ verbo *essere*); l'uso dell'articolo *(il, la)* con *signore / signora*.

Procedimento: **a.** Come indicato a p. 9 dell'introduzione *(Fase 1 – Comprensione globale)*.

b. Spiegate il compito (che è un ampliamento del punto 3d), fate lavorare gli studenti prima da soli e poi con un compagno per confrontare. Consigliate di lavorare con colori diversi come al punto 3d. Verificate in plenum procedendo come indicato nell'introduzione a p. 10 *(Fase 2 – Comprensione più dettagliata)*.

c. Chiedete ai discenti di concentrarsi sulle intenzioni comunicative elencate e di estrarre dai dialoghi le corrispondenti espressioni (formali e informali). Per la verifica in plenum potete procedere come al punto 3d di questa lezione, evidenziando le differenze tra espressioni formali e informali. Tra l'altro, fate notare che *lui/lei* hanno la stessa forma verbale di *Lei (lei è Francesca / lui è Claudio / E Lei, signora, di dov'è?)*. Tematizzate poi la presenza o assenza dell'articolo davanti a *signor / signora* chiedendo ai discenti di provare a dedurre dal contesto la regola d'uso (lo specchietto *Grammatica* di p. 14 servirà solo come promemoria durante la produzione). Non tematizzate invece gli aggettivi di nazionalità che verranno trattati al punto 9. Per la funzione "chiedere e dire la provenienza" trattate qui *Di dove sei?* e *(Sono) di + città*.

Soluzione:
a. **dialogo 1**: informale; **dialogo 2**: formale
b. **dialogo informale**: l'uso di *ciao*, della forma confidenziale *(tu, sei)* e del solo nome senza cognome.
dialogo formale: l'uso di *buongiorno*, della forma di cortesia *(Lei, è)* e del cognome.
c. ... **jemanden vorstellen**: Lei è Francesca, una collega di Bellinzona. Il signor Klum, un collega di Vienna. ... **jemandem vorgestellt werden**: piacere, ciao; molto lieta; piacere; ... **jemanden nach seiner Herkunft fragen**: (E tu, invece,) di dove sei? (E Lei, signora,) di dov'è?; ... **die eigene Herkunft angeben**: Sono di San Gimignano. Di Torino.

8 Presentazioni

(PARLARE)

Procedimento: Spiegate il compito e accertatevi che sia chiaro. Fate un esempio presentando due studenti l'uno all'altro. Poi formate dei piccoli gruppi e dite agli studenti di decidere prima di tutto se darsi del tu o del Lei (e di rimanere coerenti con questa decisione). Per lo svolgimento tenete presente quanto detto a p. 14 dell'introduzione *(Produzione orale)*.

Se volete, a conclusione di quest'attività (oppure più avanti) potete aggiungerne una di tipo ludico: presentazioni a catena. Invitate gli studenti a disporsi in cerchio o comunque in modo che tutti possano guardarsi in faccia. Cominciate voi rivolgendovi allo studente alla vostra sinistra e dicendo *Piacere, io sono* ... Lo studente proseguirà dicendo *Lui/Lei è ... e io sono...* Il gioco continuerà poi a catena: ognuno ripeterà i nomi precedenti e aggiungerà il suo. Se la classe è numerosa, dividetela in gruppi in modo che i corsisti abbiano anche la possibilità di memorizzare i nomi dei compagni.

9 Nazionalità

(LAVORARE CON IL LESSICO, PARLARE)

Obiettivo: chiedere e dire la nazionalità.

Grammatica e lessico: concordanza fra soggetto e aggettivo; aggettivi di nazionalità.

Procedimento: **a.** Gli aggettivi di nazionalità vengono introdotti dapprima come elementi lessicali. Partite quindi da Francesca (punto 7 dialogo 1) e dall'esempio che trovate qui: scrivete alla lavagna *Francesca è svizzera, Pedro Almodóvar è spagnolo*, poi indicate i nomi degli altri personaggi chiedendo *E loro?* Invitate dunque gli studenti ad abbinare personaggi e nazionalità scegliendo gli aggettivi nella lista (senza consultare il glossario, ma usando la fantasia ed eventualmente chiedendo aiuto a un compagno). La notorietà delle persone aiuterà i discenti a capire il significato degli aggettivi più difficili come *tedesco*. Fate confrontare le soluzioni in coppia e poi verificate in plenum facendovi dire le soluzioni e riportandole nella tabella, che avrete copiato su un lucido o alla lavagna. Dite poi agli studenti di osservare bene le due tabelle per provare a capire come funzionano gli aggettivi di nazionalità: invitateli a parlarne in coppia per ipotizzare una regola. Nel frattempo scrivete alla lavagna, a parte, *maschile* ♂ e *femminile* ♀. Chiedete poi sopra quale delle due colonne di nomi dovete scrivere l'uno e l'altro e fatevi dire le ipotesi sulla regola guidando i discenti nel ragionamento. Fate poi notare che per indicare la nazionalità si usa sempre un aggettivo preceduto dalla forma opportuna del verbo *essere* (in questo caso *è*), e chiedete agli studenti se si ricordano le forme già incontrate. Infine invitate gli studenti a mettere subito in pratica la 'loro' regola rispondendo alla domanda *E voi?* (per chiarire meglio il compito, scrivete alla lavagna la vostra personale risposta). Se dovessero esserci studenti di nazionalità diverse da quelle elencate, invitateli a cercare la parola giusta nella lista a p. 211.

b. Dividete la classe in squadre (due se il gruppo è piccolo, quattro se è numeroso) che giocheranno l'una contro l'altra. Fate leggere le regole del gioco e accertatevi che siano chiare. Accertatevi che sia chiaro l'esempio (in particolare la negazione, che però verrà trattata meglio più avanti) e fatene uno 'dal vivo' insieme a uno studente. Informate la classe che quando i giocatori non riescono a mettersi d'accordo su qualcosa possono chiamare l'arbitro, cioè voi. Se le squadre sono due, essendo questo il primo gioco, potete assumere anche il ruolo del moderatore. Se gli aggettivi di nazionalità riportati a p. 14 sono troppo pochi, invitate i giocatori a sceglierne altri servendosi di pagina 211. Eventualmente scrivete alla lavagna una lista di nomi propri a cui i giocatori potranno attingere.

c. Seguite le indicazioni del manuale, accertatevi che compito ed esempio siano chiari (eventualmente spiegate *anch'io*). Raccomandate ai discenti di non limitarsi alle solite città note, ma di sfruttare la carta d'Italia in modo che la ricerca del 'compatriota' non si esaurisca subito.

Soluzione:
Tobias Moretti è austriaco. Gérard Depardieu è francese. David Beckham è inglese. Monica Bellucci è italiana. Heidi Klum è tedesca. Joanne K. Rowling è inglese. Sophie Marceau è francese.

Scheda informativa

Pedro Almodóvar (1951) è il regista più popolare del cinema spagnolo. Ha vinto l'Oscar per il miglior film straniero nel 2000 con "Tutto su mia madre" e nel 2003 per la migliore sceneggiatura originale con "Parla con lei".
Tobias Moretti (1959) è un attore e regista austriaco. Moretti è il cognome della madre, di origini italiane. In Italia è diventato famoso con la serie televisiva "Il commissario Rex".
Gérard Depardieu (1948) è un attore e produttore cinematografico francese. Tra i suoi film più conosciuti ricordiamo: "La signora della porta accanto", "Cyrano de Bergerac" (candidato all'Oscar), "Green Card – Matrimonio di convenienza", "Codice d'onore" e "Asterix e Obelix".
David Beckham (1975) è un calciatore inglese. Ha giocato in diverse squadre di livello internazionale come il Manchester United, il Real Madrid e il Milan. Inoltre è stato capitano della Nazionale inglese.
Monica Bellucci (1964) è una famosa modella e attrice italiana, nota anche all'estero. Tra i suoi film più famosi: "Malèna", "La passione di Cristo", "Ricordati di me".
Heidi Klum (1973), tedesca, lavora come modella, stilista e anche come conduttrice televisiva.
Joanne K. Rowling (1965) è una scrittrice inglese diventata famosa grazie alla serie di romanzi per ragazzi "Harry Potter".
Sophie Marceau (1966) è un'attrice, regista e sceneggiatrice francese. Ha esordito nel cinema con il film "Il tempo delle mele", noto anche in Italia. Tra i suoi film di successo si ricordano "Braveheart" e "Agente 007 – Il mondo non basta".

10 L'alfabeto

(ASCOLTARE, PARLARE E SCRIVERE)

Obiettivo: imparare a fare lo spelling di una parola.

Procedimento: **a.** Seguite le indicazioni del manuale. Fate presente che le lettere elencate a destra compaiono in molte parole straniere ormai entrate nel vocabolario italiano (come *yogurt* o *jazz*) e che perciò nei dizionari non compaiono in una sezione a parte, ma nel normale ordine alfabetico, cioè quello che si trova nello schema a p. 190. Precisate la corretta pronuncia delle lettere, ma non tematizzate tutte le particolarità fonetiche elencate a p. 190 perché verranno trattate un po' alla volta nell'apposita rubrica dell'eserciziario.

b. Invitate gli studenti a pensare a una parola italiana già 'orecchiata' da qualche parte, di cui però non conoscono l'ortografia, e a chiedervi come si scrive. In base al vostro spelling, tutta la classe scriverà le parole richieste.

c. Formate delle coppie e seguite le indicazioni del manuale.

11 Per comunicare in classe

(LEGGERE E ANALIZZARE; SCRIVERE E PARLARE)

Obiettivo: introdurre espressioni utili alla comunicazione in classe.

Procedimento: **a.** Fate svolgere quest'attività individualmente e poi verificate in plenum.

b. Formate delle coppie (diverse da quelle del punto 10) e chiedete ai discenti di formulare quattro domande usando quattro diverse espressioni fra quelle appena introdotte. A turno gli studenti vi porranno poi le domande (ognuno due domande). Fate in modo che l'attività mantenga un certo ritmo. Alla fine, dite che d'ora in poi quelle domande le vorrete sentire solo in italiano e fate presente che quando non ci si ricorda qualcosa si può sempre consultare pagina 15 o pagina 8, dove si trova la rubrica *Kurssprache Italienisch* che a questo punto potrete presentare. Nell'introdurre tale rubrica sottolineate che le frasi ivi contenute vanno per ora imparate come espressioni utili alla comunicazione in classe evitando ogni analisi grammaticale. Per facilitarne l'apprendimento potete proporre agli studenti un gioco da svolgere secondo le regole del classico memory: preparate dei cartoncini di due colori diversi, uno per le frasi in tedesco e uno per le corrispondenti frasi in italiano (vedi scheda disponibile nel sito Internet). Formate quindi dei gruppi, consegnate ad ognuno un set di cartoncini, accertatevi che le regole del gioco siano note (si mescolano le carte, le si dispone sul tavolo coperte e si cerca di scoprire le coppie di frasi abbinabili: vince il giocatore che ne trova di più) e stabilite il tempo a disposizione. Potrete poi fotocopiare la pagina 8, ingrandendola in formato A 3, per appenderla in classe.

Soluzione:
Wie bitte? – Come, scusi?; Was bedeutet ...? – Che cosa significa...?; Wie sagt man ...? – Come si dice ...?; Auf welcher Seite? – A che pagina?; Wie spricht man dieses Wort aus? – Come si pronuncia questa parola?; Können Sie bitte wiederholen? – Può ripetere, per favore?

12 I numeri
(ASCOLTARE)

Obiettivo: introdurre i numeri da 1 a 20.

Procedimento: **a.** Fate ascoltare i numeri una prima volta a libro chiuso e una seconda a libro aperto.

b. Invitate gli studenti ad inserire al punto giusto i cinque numeri del riquadro rosa, poi fate controllare ascoltando di nuovo la registrazione.

Soluzione:
due; otto; nove; quattordici; diciassette

13 Che numero è?
(PARLARE)

Obiettivo: memorizzare i numeri.

Procedimento: Formate delle coppie diverse da quelle del punto 11b e seguite le indicazioni del manuale.

14 Una conoscenza... per errore
(ASCOLTARE)

Procedimento: Questo ascolto è più lungo dei due precedenti, si tratta di una telefonata e la drammaturgia è fondata sull'equivoco. L'attività si svolge in diverse fasi con compiti mirati a stimolare la curiosità; è tuttavia consigliabile far ascoltare il track 05 una prima volta a libro chiuso (e volendo anche ad occhi chiusi), ripetendo alcune delle raccomandazioni riportate a p. 7 dell'introduzione *(Gli input orali)* e invitando i discenti ad immaginare semplicemente la situazione. A questo primo ascolto seguirà uno scambio di impressioni in coppia (sempre a libro chiuso).

a. Fate aprire il libro e leggere il primo compito: ognuno mette la crocetta per conto suo.

b. – **e.** Procedete seguendo le indicazioni del manuale e tenendo conto di quanto detto nell'introduzione a p. 9 *(Fase 1 – Comprensione globale; Fase 2 – Comprensione più dettagliata)*. Accertatevi sempre che le domande siano chiare.

Soluzioni:
a. Pronto!
b. Sandro vuole il numero di cellulare di Martina. Martina ha il numero 338 76 76 827.
c. La signora non è Martina.
e. 338 77 66 827.

Trascrizione:
(Track 05, 07)
■ Pronto!
▶ Ciao, Alice! Sono Sandro.
■ Ciao, dimmi!
▶ Senti, per caso hai il numero di cellulare di Martina? Sai, le devo chiedere una cosa.
■ Sì, sì, certo. Aspetta un attimo... Allora, 338 76 76 827.

- ▸ ...827. Oh, grazie, eh! Ci vediamo domani sera.
- ■ Sì, sì, ciao!

- ● Pronto!
- ▸ Ehi, bella! Sono Sandro.
- ● Sandro?
- ▸ E dai! Sono Sandro!!
- ● Come, scusa?
- ▸ Martina?! Sono Sandro, Sandro Cavalleri!

...

(Track 06, 07)

- ● No, guarda, hai sbagliato numero.
- ▸ Ah! Ma allora, scusa, ma tu che numero hai?
- ● No, scusa, tu che numero hai fatto?
- ▸ Allora ho fatto il 338 76 76 827.
- ● Ah, beh, è chiaro: invece di 7676, hai fatto 7766.
- ▸ Ah, sì, eh sì, scusa, è possibile, allora ho sbagliato numero. ... Beh, ma aspetta...
  Tu non sei di Roma, vero?
- ● No, sono di Brescia, perché?
- ▸ Ah, di Brescia! No... così... niente... e come ti chiami?

15 La rubrica del corso

(PARLARE)

Procedimento: Spiegate il compito e accertatevi che sia chiaro. Fate leggere l'esempio, in cui compare per la prima volta il verbo *avere*, introdotto come elemento lessicale necessario alla comunicazione. Chiedete agli studenti se riescono a dedurne il significato, specificate la particolarità della pronuncia della lettera *h* e dite che le forme utili a quest'attività sono raccolte nello specchietto a destra. Dite che su questo verbo si tornerà più avanti, per ora basta questo. Inserite un brano musicale e date il via alla prima fase, dicendo che segnalerete lo scadere del tempo aumentando il volume della musica. Dopo tre minuti formate i gruppi per la seconda fase.

16 Ricapitoliamo!

(SCOPRIRE LA GRAMMATICA)

Obiettivo: fare il punto sul genere dei nomi.

Procedimento: **a.** Accertatevi che il significato dei pittogrammi sia chiaro. Poi procedete come indicato nel manuale e a p. 16 di questa Guida *(La grammatica – Procedimento)*.

b. Formate delle coppie e spiegate il compito accertandovi che sia chiaro. Scaduti i tre minuti chiedete alle coppie quante parole hanno raccolto (se è un numero fino a 20 chiedete di dirvelo in italiano). Andate dalla coppia che ne ha di più e verificate quante sono giuste, procedete così anche per le altre coppie: se vi pare di avere una classe portata alla competitività, alla fine proclamate la coppia vincitrice in base al numero delle parole classificate correttamente senza dimenticare di lodare anche tutti gli altri; se invece notate che la classe non ama gareggiare, limitatevi a verificare la correttezza delle soluzioni e a lodare gli studenti per i risultati ottenuti.

Soluzione:
maschile: cellulare, numero, telefono
femminile: voce, signora, pasta

Culture a confronto

Obiettivo: approfondire la riflessione sull'immagine dell'Italia iniziata al punto 1.

Procedimento: Spiegate innanzi tutto la funzione di queste pagine, che si deduce dal titolo (si veda anche p. 23 dell'introduzione, *Culture a confronto*). Dite agli studenti di guardare la carta d'Italia e leggete i nomi delle regioni; dite ora che quelli che si trovano tutt'intorno alla carta sono elementi caratterizzanti del Paese e in particolare di determinate regioni o zone: quali, secondo loro? Invitateli a fare degli abbinamenti come nell'esempio, specificando che se non lo sanno possono tranquillamente fare delle supposizioni o addirittura tirare a indovinare. Dopo qualche minuto formate dei gruppi e invitate gli studenti a confrontare le loro soluzioni, discutendo sulle varie possibilità. Verificate poi in plenum. Fate poi svolgere l'attività *La mia Italia* individualmente, sottolineando che ognuno dovrà stabilire i propri criteri di scelta delle foto. Date uno o due minuti di tempo, poi formate nuovi gruppi per svolgere l'ultima attività. Concludete con un'indagine in plenum *(Le nostre fotografie)*: quali foto sono state scelte più spesso? Perché? Quali si potrebbero aggiungere? Quali foto potrebbero rappresentare il Paese o i Paesi d'origine dei discenti?

Soluzione:
Automobile: Piemonte, Emilia Romagna; **Panettone:** Milano (Lombardia); **Giuseppe Verdi:** Emilia Romagna / Lombardia; **Montagne:** le catene montuose si estendono per gran parte della nazione; **Fiori:** Liguria; **Carnevale:** Viareggio (Toscana), Venezia (Veneto); **Presepe:** Napoli (Campania); **Vulcano:** Campania, Sicilia; **Vino:** tutte le regioni, in particolare Toscana, Piemonte, Friuli Venezia Giulia, Campania, Puglia, Sicilia; **Etruschi:** Toscana, Umbria, Lazio

Scheda informativa

Moda: L'Italia è famosa in tutto il mondo per la moda e l'alta moda. Innumerevoli gli stilisti e i marchi famosi, tra i quali Armani, Gucci, Bottega Veneta, Valentino, Dolce e Gabbana, Trussardi, Prada, Ermenegildo Zegna.
Automobile: Ci sono tre case automobilistiche (tutte di Torino) che dominano il mercato dell'auto – Fiat, Alfa Romeo e Lancia – e tre case specializzate nella costruzione di macchine sportive e di lusso: Ferrari (sede: Modena), Maserati (sede: Modena) e Lamborghini (fondata in provincia di Ferrara). La Ferrari, fondata da Enzo Ferrari, oggi fa parte del Gruppo Fiat.
Panettone: È il tipico dolce di Natale della gastronomia milanese, diffuso però in tutta Italia.
Giuseppe Verdi (Roncole-Busseto, presso Parma, 1813 – Milano 1901) è uno dei più famosi compositori italiani. Tra le sue opere più famose si ricordano: *Nabucco, I Lombardi alla prima crociata, Macbeth, Luisa Miller, Rigoletto, La traviata, Il trovatore, Aida.*
Montagne: Le Alpi sono il confine naturale a Nord (la cima più alta è il Monte Bianco, 4810 m, su cui passa il confine tra Italia e Francia). Gli Appennini percorrono tutta la lunghezza della penisola dalla Liguria alla Sicilia (la cima più alta è il Corno Grande nel Gruppo del Gran Sasso in Abruzzo, 2914 m).
Fiori: Nella Riviera dei Fiori, in particolare a Sanremo, sono celebri le coltivazioni (all'aperto e in serra) di fiori che vengono esportati in tutto il mondo. Si ricorda, per esempio, che la decorazione della sala del Concerto di Capodanno di Vienna è allestita con fiori provenienti proprio da Sanremo.
Carnevale: Si tratta di una festa che si celebra nei paesi di tradizione cristiana, il cui elemento più distintivo è l'uso di maschere. La parola *carnevale* deriva dal latino *carnem levare* (eliminare la carne) e indicava il banchetto che si teneva prima del periodo di digiuno e astinenza della Quaresima. Finisce normalmente il Martedì Grasso. Carnevali famosi in Italia: Venezia, Viareggio.
Presepe: Ricostruzione della nascita di Gesù eseguita in case private, nelle piazze o nelle chiese in occasione delle feste natalizie. Nella foto sono rappresentati i pastori tipici del Presepe napoletano, prodotti artigianalmente a Napoli, in via San Gregorio Armeno.
Vulcano: I principali vulcani attivi sono l'Etna, il Vesuvio, Stromboli e Vulcano. Più numerosi invece i vulcani spenti.
Vino: L'Italia è un paese vocato alla viticoltura, infatti la coltivazione è presente in tutte le regioni. I vini italiani si distinguono in DOC (marchio di denominazione di origine controllata), IGT (indicazione geografica tipica) e DOCG (denominazione di origine controllata e garantita). Tra i vini più famosi si annoverano: Brunello, Chianti, Vernaccia in Toscana; Barbera, Nebbiolo, Barolo, Dolcetto in Piemonte; i vini del Collio (per esempio Picolit, Pinot, Tocai, Cabernet) in Friuli; Falerno, Taurasi,

Greco di Tufo, Lacrima Christi in Campania; Nero d'Avola, Marsala, Malvasia in Sicilia, Cannonau in Sardegna.
Etruschi: Popolo dell'Italia antica estesosi in un'area denominata Etruria (dal sec. VIII a.C circa), corrispondente alla Toscana, all'Umbria e al Lazio settentrionale, e spintosi fino alla Valle Padana e alla Campania. La civiltà etrusca è stata assimilata nella civiltà romana verso la fine del I sec. a. C. La pittura etrusca è fondamentalmente quella degli affreschi delle tombe e ha un'importanza notevole perché rappresenta il più importante esempio di arte figurativa preromana.

Portfolio

Autovalutazione – Obiettivo: fare un bilancio della prima lezione.

Procedimento: Spiegate la funzione, la struttura e l'uso di questa pagina seguendo le indicazioni che trovate a p. 25 dell'introduzione, *Portfolio*.

Strategie – Obiettivi: integrare il proprio vissuto nel processo d'apprendimento; riflettere sulle proprie modalità di percezione.

Procedimento: • La prima strategia consiste in una sorta di compito per casa: nelle righe vuote gli studenti annoteranno le parole italiane che 'incontreranno' nel corso della settimana successiva e all'inizio della prossima lezione le metteranno in comune con un compagno.
• La seconda strategia è incentrata sulle modalità di percezione.

a. Spiegate ai discenti che ogni persona ha un suo personale modo di percepire il mondo, le informazioni che riceve, gli avvenimenti che si verificano ecc. (come forse avranno notato anche durante le attività 2b e 2c). Tutti noi utilizziamo a questo scopo in primo luogo i cinque sensi, ma non necessariamente tutti e cinque con la stessa frequenza. Rendersi conto delle proprie 'preferenze' può semplificare lo studio di una lingua straniera (per esempio dei vocaboli, che possiamo associare al canale 'preferito'). Dite che l'esercizio che segue è un piccolo test per scoprire se c'è e qual è la modalità di percezione preferita da ognuno. Fate leggere le consegne e accertatevi che il compito sia chiaro, sottolineando che le crocette vanno messe in base alla *prima* associazione spontanea, senza pensarci su. Date perciò solo pochi minuti di tempo. Invitate poi i discenti a verificare individualmente se dalla tabella risulti una tendenza o no.

b. Ricomponete le coppie (o se preferite formate dei gruppi) e invitate gli studenti a dirsi se hanno scoperto una tendenza, quale e in che modo la si potrebbe sfruttare per lo studio dell'italiano. Concludete raccogliendo i risultati in plenum, il che vi consentirà di farvi un'idea più precisa della classe. Per il momento non è importante che vengano fuori molti consigli pratici perché quest'attività verrà integrata da quella che si farà nella lezione 3. Lo scopo è quello di avviare una riflessione sugli stili di apprendimento, suggerite perciò ai discenti di fare attenzione, in futuro, a questi particolari. Sottolineate come sia utile (e anche piacevole) associare per esempio il rumore delle onde sentito in vacanza alla parola *mare* per ricordarla meglio. Potete anche suggerire agli studenti di provare a percepire una parola attraverso un canale diverso da quello che il test ha evidenziato per ampliare le proprie capacità di percezione: per esempio, chi per *pasta* ha messo la crocetta sotto il gusto, potrebbe provare ad associare questa parola all'olfatto.

Incontri

Tema: raccontare di sé: la professione e l'origine (Paese e città).

Obiettivi comunicativi: chiedere a qualcuno come sta e reagire a tale domanda; ringraziare; chiedere a qualcuno la professione e indicare la propria; chiedere e fornire dati personali (dove si abita, dove si lavora); dire quale lingua si parla; indicare la propria età.

Grammatica e lessico: i verbi regolari in *-are*; i verbi *fare* e *stare*; l'articolo determinativo al singolare; l'articolo indeterminativo; i sostantivi in *-ista*; le preposizioni *a, in, per* (causale); la negazione *non*; alcuni interrogativi *(Che...?; Dove?; Perché?)*; i nomi di professione; i nomi delle lingue; i numeri da 21 a 100.

2

1 Per iniziare

(ENTRARE IN TEMA, ASCOLTARE, LEGGERE E ANALIZZARE)

Obiettivi: **a.** introdurre il tema dell'unità facendo leva sull'esperienza di vita; **b.** - **f.** chiedere a una persona come sta e rispondere a questa domanda.

Procedimento: **a.** Formate delle coppie e chiedete agli studenti di fare (parlando in lingua madre) delle supposizioni sulla situazione rappresentata nella foto: dove sono queste persone? Chi sono? Che rapporto potrebbe esserci fra di loro? Che cosa stanno facendo? Che cosa stanno dicendo? Controllate che gli studenti si concentrino sulla foto e non voltino pagina (se qualcuno lo fa, richiamatelo 'all'ordine' gentilmente – e magari scherzosamente – ma con fermezza: è importante che i discenti adesso non vedano nemmeno una riga dei dialoghi). Le supposizioni servono a preparare la mente degli studenti ad affrontare il compito successivo, basato appunto su dialoghi che si svolgono in situazioni analoghe a quella della foto.

b. Procedete come indicato nell'introduzione a p. 9 *(Fase I – Comprensione globale)*.

c. A questo punto gli studenti avranno capito quali dialoghi sono formali (1 e 3) e quale è informale (2). Dite loro di tenere presente quest'informazione, scrivete alla lavagna *tu* e *Lei* e chiedete se si ricordano anche quale dei due pronomi – già incontrati nella prima lezione – sia formale e quale informale. Invitateli infine a svolgere il compito servendosi di quello che hanno imparato e sentito finora.

d. Seguite le indicazioni del manuale. Verificate in plenum, naturalmente facendovi dare la soluzione dagli studenti.

e. Procedere come al punto **3d** della prima lezione (p. 33 di questa Guida).

f. Prima di assegnare il compito, potete far ascoltare i dialoghi ancora una volta, invitando

gli studenti a concentrarsi in particolare sul tono di voce delle diverse persone: quale stato d'animo può esprimere? Seguite poi le indicazioni del manuale ricordando ai discenti che devono evitare di tradurre e sforzarsi di individuare le formule linguistiche corrispondenti all'espressione delle tre faccine. Seguirà una verifica in plenum come al punto **c**. Se gli studenti insistono per avere una traduzione, cercate di ottenerla da loro stessi.
Potete concludere questo punto evidenziando il *Tipp* e invitando gli studenti a metterlo subito in pratica insieme a un compagno: fate dunque ascoltare nuovamente i dialoghi e poi chiedete alle coppie di sceglierne uno per esercitarsi.

Soluzioni:
b. dialogo 2
c. 1 → Lei; 2 → tu; 3 → Lei
e. Come sta?; Come stai?; Come va?
f. benissimo; tutto bene, bene; così, così

2 Come va?

(PARLARE)

Procedimento: Formate delle coppie diverse da quelle del punto 1, poi invitate gli studenti a scegliere una foto e a costruirci sopra un dialogo simile a quelli che hanno sentito. Specificate che, se possibile, è meglio non scrivere niente perché si tratta di esercitare la lingua parlata. Date alle coppie alcuni minuti (annunciate quanti) per formulare il dialogo e provare a recitarlo badando anche all'intonazione. Tenetevi a disposizione senza intromettervi. Mentre gli studenti lavorano decidete quali coppie far giocare l'una contro l'altra. Scaduto il tempo, invitate le coppie 'avversarie' a sedersi faccia a faccia: a turno, una coppia reciterà il suo dialogo e l'altra dovrà indovinare a quale foto si riferisce. Tutta la classe lavorerà contemporaneamente e voi non interverrete, a meno che gli studenti non ve lo chiedano.

3 Le professioni

(LAVORARE CON IL LESSICO, SCOPRIRE LA GRAMMATICA)

Obiettivi: introdurre i nomi di professione, riflettere sui sostantivi in *-ista* e in *-e*.

Procedimento: **a.** Leggete a voce alta i nomi di professione per chiarire la pronuncia (il suono più ostico è *-gn-*, che verrà trattato nella lezione 7: limitatevi a dire che si pronuncia più o meno come in *Kognak*). Spiegate il compito e fatelo svolgere individualmente raccomandando agli studenti di non ricorrere al glossario, ma di far leva sulla trasparenza di alcuni vocaboli (come *giornalista*) e sulla fantasia. Fate poi confrontare gli abbinamenti in coppia e infine verificate in plenum. In seguito potrete usare la scheda disponibile nel sito Internet per realizzare un memory da proporre come attività di fissaggio e/o ripetizione (per esempio all'inizio dell'incontro successivo).

b. Seguite le indicazioni del manuale e dite agli studenti di scrivere nella riga vuota della consegna il nome di professione che avanzerà quando avranno finito di compilare le tabelle. Dite alle coppie di pensare perché proprio quel nome non trova posto nelle tabelle. Poi verificate in plenum.

c. Nella prima lezione gli studenti hanno già imparato che i sostantivi in *-e* hanno un'unica desinenza per il maschile e per il femminile. Qui dovranno ricordarsi quest'informazione e applicarla alla categoria dei nomi di professione. Fatto questo, non sarà difficile accorgersi che lo stesso vale anche per i nomi in *-ista*. Ponete dunque ai discenti la domanda contenuta nella consegna, chiedendo loro di provare a rispondere insieme a un vicino. Poi, in plenum, chiedete quali risposte gli sono venute in mente e cercate di arrivare a una soluzione corretta insieme alla classe.
Per mettere subito in pratica la regola appena formulata, invitate gli studenti a rispondere alla domanda *E voi?* completando la frase nel riquadro azzurro a destra. Se la loro professione non compare nella lista, dite che ve la possono chiedere, naturalmente in italiano.

Soluzioni:

a.

b.

segretario	*segretaria*
commesso	*commessa*
impiegato	impiegata
insegnante	insegnante
operaio	operaia
farmacista	*farmacista*
rappresentante	*rappresentante*
giornalista ♂	giornalista ♀

La parola che non trova posto nelle tabelle è *medico*. La risposta è da ricercarsi in ragioni socioculturali: in Italia, ancora oggi, per alcune professioni tradizionalmente esercitate dagli uomini si usa la definizione maschile. Dite però agli studenti che, come il Paese, sta cambiando anche la lingua e che il femminile dei nomi di professione è un tema molto discusso per cui anche al corso d'italiano se ne riparlerà in futuro.

c. I nomi di professione in *-e* e in *-ista* hanno la stessa forma al maschile e al femminile.

Scheda informativa

I nomi di professione
È spesso difficile formare il femminile dei nomi che indicano professioni o cariche.
In alcuni casi le forme femminili non esistono proprio, in altri casi esistono ma sono disusate oppure hanno intonazione ironica o addirittura dispregiativa: per esempio, si preferisce *il/la presidente* a la *presidentessa* (che fa pensare a 'la moglie del presidente').
Qui di seguito altri casi di nomi di professioni che si usano preferibilmente al maschile: *ministro, sindaco, assessore, architetto, magistrato*. A volte, invece, si aggiunge al maschile la parola 'donna', anche se si tratta di un uso ormai sconsigliato. Così, per esempio, accanto alla forma *poliziotta*, ancora abbastanza diffuso è anche il termine *donna poliziotto*.

4 Che lavoro fai / fa?

(PARLARE)

Obiettivo: chiedere e dire la professione.

Procedimento: Leggete il titolo dell'esercizio e dite che questa è la domanda che si può porre quando si vuole chiedere a qualcuno qual è la sua professione. Aggiungete che qui tale domanda è presentata nella versione informale e in quella formale, come si può dedurre osservando il verbo *fare* nello specchietto grammaticale sottostante. Dite agli studenti che loro hanno appena scritto la risposta a questa domanda e che vi interesserebbe conoscerla: chiedete dunque a un paio di persone che lavoro fanno, invitandole a rispondere e a porre poi la stessa domanda a un vicino. Chiarito il meccanismo domanda/risposta, passate allo specchietto "Lingua" per presentare altre possibilità di chiedere e dire la professione: chiarite, se necessario, il significato del verbo *lavorare* senza però soffermarvi sulla realizzazione delle forme, chiedete agli studenti quali risposte, secondo loro, contengono una negazione e, ottenuta la risposta, mettete in evidenza la posizione di *non*, che sta sempre prima del verbo. Quanto ai verbi, dite che nello specchietto "Grammatica" si trovano, per consultazione, quelli utili per l'esercizio da svolgere adesso e che sulla coniugazione si tornerà fra poco. Invitate poi gli studenti ad alzarsi e a intervistare i compagni per scoprire se c'è qualcuno che svolge una delle professioni del punto 3a. Dite quanto tempo hanno a disposizione e mettete una musica di sottofondo. Alla fine delle interviste, formate dei gruppetti e invitate gli studenti a scambiarsi le informazioni raccolte, possibilmente in italiano. O, se preferite, chiedete ad alcune persone, in plenum, di riferirvi che cosa hanno scoperto.

5 Un viaggio organizzato
(ASCOLTARE, LAVORARE CON IL LESSICO)

Per svolgere questo punto vi converrà riprodurre su lucido la pagina 24 del libro.
Obiettivi: **a.** – **b.** sviluppo della comprensione auditiva; **c.** – **e.** chiedere e fornire dati personali (dove si abita, dove si lavora).

Grammatica e lessico: i verbi regolari in *-are*; le preposizioni *a*, *in*, *per* (causale).

Procedimento: **a.** Fate chiudere i libri e dite agli studenti che ascolteranno un dialogo e che dovranno cercare di capire di che situazione si tratta. Mostrate le due possibili risposte con il proiettore (coprendo il resto del lucido con un foglio) o copiatele alla lavagna, poi procedete come indicato nell'introduzione di questa Guida a p. 9 *(Fase I – Comprensione globale)*.

b. Mostrate il punto **b** del vostro lucido (o fate aprire il libro e coprire con un foglio tutto quello che sta sotto il punto **b**), spiegate il compito e poi procedete come indicato nell'introduzione a p. 10 *(Fase 2 – Comprensione più dettagliata)*.

c. Fate leggere il dialogo per verificare la correttezza delle informazioni scritte nella scheda. Raccomandate agli studenti di concentrarsi solo su queste informazioni, senza cadere nella tentazione di tradurre. Conclusa la verifica, ritornate sui verbi: chiedete agli studenti di ritrovare nel dialogo il verbo che hanno appena imparato (cioè *lavorare*), e di dirvi la forma di questo verbo che non compare nello specchietto di pagina 23 (che nel frattempo avrete riprodotto alla lavagna). Quando ve la dicono scrivetela sotto *lavora*, aggiungete il pronome *noi* e spiegate che i verbi italiani si dividono in tre categorie, chiamate coniugazioni, in base alla desinenza dell'infinito: la prima è quella dei verbi in *-are*, come appunto *lavorare*. Chiedete dunque agli studenti se, osservando le quattro forme di *lavorare* finora incontrate, riescono a capire come si costruisce il presente di questo verbo (togliendo *-are* e mettendo al suo posto le desinenze del presente, qui: *-o/-i/-a/-iamo*) e guidateli nella scoperta della regola. Spiegate poi che tutti i verbi regolari in *-are* funzionano in questo modo e pregate la classe di trovare nel dialogo altri esempi, aiutandosi con il modello *lavorare*. Lasciateli cercare, poi fatevi dire quali forme hanno trovato e quale potrebbere essere l'infinito; scrivete quindi gli infiniti che vi verranno dettati accanto a *lavorare* in modo da ottenere una tabella (con i pronomi soggetto da *io* fino a *noi*) e chiedete agli studenti di dirvi dove dovete inserire le forme che compaiono nel dialogo: in questo modo potrete aggiungere anche la seconda persona plurale, che compare nella prima battuta *(voi abitate)*. Dite che a questo punto manca solo l'ultima forma, rintracciabile nello specchietto grammaticale in basso a destra. Aggiungete dunque questa forma e chiedete agli studenti di completare la coniugazione degli altri verbi procedendo per analogia con *abitare*. Leggete poi ad alta voce la tabella completa consigliando agli studenti di segnarsi la lettera accentata. Spiegate che il lavoro appena svolto è importante perché le desinenze dei verbi italiani forniscono le informazioni sul tempo e sulla persona a cui ci riferiamo. Ritornate infine allo specchietto di p. 23 e dite che anche *fare* è un verbo in *-are* ma, come si vede, irregolare; aggiungete quindi le forme che mancano, fate notare che le desinenze sono le stesse dei verbi regolari (se qualcuno dovesse chiedervi da dove vengano queste strane forme, dite che derivano dall'infinito latino *facĕre*, ma se nessuno dice niente, sorvolate) e spiegate che il criterio in base al quale i verbi irregolari vengono presentati in ***Chiaro!*** è quello della frequenza d'uso (e quindi dell'utilità comunicativa), per cui finora se ne sono incontrati quattro: *essere* e *avere* nella prima lezione, *fare* e *stare* nella seconda. Dite agli studenti che per ogni dubbio di coniugazione possono consultare la tabella dei verbi all'interno della copertina e presentatela. Evidenziate nuovamente la posizione di *non (Non parlo il tedesco)*. Se qualcuno chiede spiegazioni su *...non ci siamo ancora presentati* fornite la traduzione e dite che queste forme verranno trattate più avanti.

d. Seguite le indicazioni del manuale e fate svolgere quest'attività individualmente, poi fate confrontare in coppia raccomandando di usare il testo del dialogo solo per controllo. Verificate infine in plenum.

e. Seguite le indicazioni del manuale. Dite agli studenti che per trovare la soluzione basta guardare la tabella e ragionare per analogia. Alla fine puntualizzate la regola d'uso delle tre preposizioni presenti (luogo: *a* + città, *in* + Paese; causa: *per* + sostantivo). Invitate quindi gli studenti a mettere subito in pratica il tutto completando la frase del riquadro azzurro.

Soluzioni:
a. È un dialogo fra tre turisti.
b. Città: Genova; Professione: rappresentante; Lingue: inglese, spagnolo
d. lavorare a Genova; abitare a Genova; lavorare in Germania; viaggiare per lavoro
e. abitare in Germania

Scheda informativa

Genova, situata nel Nord-Ovest della penisola, è il capoluogo della regione Liguria. È un affermato centro turistico, scientifico e universitario, e una delle più importanti città del Paese per movimento economico. Abitanti: circa 610.000.
Santa Margherita Ligure è una città di circa 10.000 abitanti in provincia di Genova. È un centro turistico e balneare della Riviera Ligure di Levante.

6 Chi non abita qui? Chi non lavora qui?
(PARLARE)

Procedimento: Accertatevi che il compito sia chiaro e fate un esempio chiedendo a una persona dove abita e dove lavora nonché invitandola a chiedere le stesse cose a voi. Dite agli studenti di cercare di intervistare più compagni possibile muovendosi liberamente nell'aula. Anche in questo caso potete mettere una musica di sottofondo. Alla fine fate una mini-indagine in plenum chiedendo ai discenti che cosa hanno scoperto.

7 Lingue e Paesi
(LAVORARE CON IL LESSICO)

Obiettivo: introdurre i nomi di alcune lingue e dei Paesi corrispondenti.

Grammatica e lessico: articolo determinativo singolare; nomi di lingue e Paesi.

Procedimento: **a.** Chiedete a due studenti di leggere il mini-dialogo riportato.

b. Chiedete agli studenti di individuare nel dialogo i nomi delle lingue e di inserirli nella lista procedendo per analogia con le lingue già presenti. Verificate in plenum. Fate notare come molto spesso il nome della lingua coincida con l'aggettivo di nazionalità.

c. Chiedete agli studenti dove si parlano le lingue elencate più sopra e invitateli ad abbinarle ai Paesi citati. Verificate di nuovo in plenum scrivendo alla lavagna gli abbinamenti che vi verranno dettati. Dite agli studenti che sarà più facile ricordare questi vocaboli studiandoli appunto a "coppie" (Paese / lingua).

Soluzioni:
b. l'italiano, l'olandese, *l'inglese* / il francese, il greco, *il tedesco* / lo svedese, lo slovacco, *lo spagnolo*
c. la Germania – *il tedesco*; l'Italia – *l'italiano*; la Spagna – *lo spagnolo*; la Gran Bretagna – *l'inglese*; la Grecia – *il greco*; la Francia – *il francese*; l'Olanda – *l'olandese*; la Svezia – *lo svedese*; la Slovacchia – *lo slovacco*

2

8 Ricapitoliamo!
(SCOPRIRE LA GRAMMATICA)

Obiettivo: scoprire la regola relativa all'uso dell'articolo determinativo singolare.

Procedimento: **a.** Ponete ai discenti la domanda contenuta nella consegna. Pregateli di riguardarsi bene tutti gli abbinamenti articolo + sostantivo che ci sono al punto **7** e di provare a capire, insieme a un compagno, in base a quale criterio si sceglie l'articolo. Lasciate alle coppie un po' di tempo per discutere e intanto dividete la lavagna in due colonne scrivendo da una parte *maschile* e dall'altra *femminile*. Chiedete poi agli studenti quali idee sono venute fuori e guidateli nella scoperta della regola.

b. Seguite le indicazioni del manuale.

Soluzione:
L'articolo *il* si usa davanti a sostantivi maschili che cominciano per consonante. L'articolo *lo* si usa davanti a sostantivi maschili che cominciano per s + consonante, z, ps, y. L'articolo *la* si usa davanti a sostantivi femminili che cominciano per consonante. L'articolo *l'* si usa davanti a sostantivi maschili e femminili che cominciano per vocale.

9 Che lingue parli?
(PARLARE)

Procedimento: Dividete la classe in due squadre (o 4 se il gruppo è molto numeroso). Fate leggere le regole del gioco (compreso l'esempio) e accertatevi che siano chiare. Dite che anche in questo caso il vostro ruolo sarà quello dell'arbitro.

10 Annunci
(LEGGERE)

Obiettivo: sviluppare la comprensione della lingua scritta.

Procedimento: Questi sono i primi testi italiani che i vostri allievi leggono. Prima di passare alla lettura, premettete perciò – a libro chiuso – le spiegazioni illustrate nell'introduzione di questa guida a p. 11 *(Gli input scritti)*. Dite poi agli studenti che leggeranno degli annunci tratti da un sito Internet e chiedete loro di pensare, insieme a un compagno, a che scopo si possono pubblicare degli annunci in Rete. Poi dite che la prima lettura servirà a verificare se fra le ipotesi che hanno appena fatto ce n'è una che coglie nel segno (ignorando per il momento la consegna scritta nel libro). Annunciate il tempo a disposizione, fate aprire il libro e date il via alla lettura. Seguirà un confronto in cui le coppie verificheranno le loro ipotesi. Fate poi leggere il compito assegnato nel libro e accertatevi che sia chiaro e da questo punto in poi procedete come indicato nell'introduzione, a p. 12 *(Gli input scritti – Procedimento)*.

Soluzione:
a. – c.; d. – e; b. – e.

11 Imparare in due
(SCRIVERE E LEGGERE)

Procedimento: **a.** Dividete la classe in due gruppi (A = italiani e B = non italiani) e chiarite che ogni persona – non tutto il gruppo – deve scrivere il proprio annuncio su un foglio a parte. Trattandosi della prima produzione scritta, sarà bene tranquillizzare gli studenti sottolineando il carattere di sperimentazione linguistica che contraddistingue le attività di questo tipo. Raccomandate loro di tenere presente in primo luogo l'obiettivo comunicativo (trovare un compagno di studi) e avvertiteli che i loro annunci verranno 'pubblicati' in classe, pregateli perciò di scrivere su un foglio a parte e con una grafia leggibile. Annunciate il tempo a disposizione e dite che potranno rivolgersi a voi in qualsiasi momento per sciogliere gli eventuali dubbi.

b. Raccogliete gli annunci e appendeteli (o metteteli su un banco) in modo che risultino leggibili: tutti gli annunci A da una parte e quelli B dall'altra. Invitate gli studenti a leggere gli annunci dei compagni (gli A leggono i B e viceversa) per scegliere quello che gli pare più adatto come partner per lo studio. Se volete, potete completare l'attività facendo incontrare gli autori che si sono scelti a vicenda invitandoli a conoscersi meglio dicendosi tutto quello che finora sanno dire in italiano. Per concludere fate notare che studiare insieme ad altre persone aumenta realmente le possibilità di successo nello studio, come evidenzia anche il *Tipp* di pagina 26.

12 I numeri

(LAVORARE CON IL LESSICO)

Obiettivo: introdurre i numeri da 21 a 100.

Procedimento: **a.** Seguite le indicazioni del manuale e fate svolgere quest'attività individualmente. Dopo un confronto in coppia, verificate anche in plenum. Chiedete poi se dal confronto fra la cifra e la parola corrispondente riescono a dedurre come si costruiscono i numeri successivi al venti. Ottenuta la soluzione, fate notare le particolarità ortografiche in *trentatré* (accento) e *ventotto* (caduta della i di *venti*).

b. Fate svolgere individualmente anche quest'attività. Per la verifica fate ascoltare la registrazione, fatela poi ascoltare ancora una volta chiedendo ai discenti di ripetere i numeri per esercitare la pronuncia.

c. Seguite le indicazioni del manuale. Per accertarvi che il compito sia chiaro fate voi un esempio scrivendo nell'aria un numero e chiedendo ad uno studente di 'leggerlo' ad alta voce. Per esercitare i numeri potete utilizzare la classica tombola oppure invitare gli studenti a disegnare su un foglio la propria cartella da gioco con 15 caselle in ognuna delle quali scriveranno un numero fra lo 0 e il 100. Per il primo giro sarete voi a dire a caso i numeri, gli studenti ascolteranno e ogni volta che uscirà un numero presente sulla loro cartella lo segneranno. Come a tombola, vincerà chi per primo avrà segnato tutti i suoi numeri. Il vincitore "estrarrà" poi i numeri nel secondo giro (prendendo nota di quelli che dice per evitare di ripeterli). Se volete rendere più rapido il gioco, potete restringere la scelta dei numeri a un determinato 'spettro' (per esempio fra 20 e 50).
Se i vostri studenti giocano volentieri con le cifre, potete dividerli in gruppi e invitarli a costruire delle 'serie' (per esempio quella dei numeri pari o dispari, quella dei numeri che contengono una cifra prestabilita ecc) stabilendo di volta in volta la gamma di numeri con cui vogliono lavorare (per esempio prima da 20 a 40, poi da 40 a 80...).

Soluzioni:
a. ventotto = 28; cinquantasei = 56; trentatré = 33; ventiquattro = 24; ventisette = 27
b. 22 = ventidue; 24 = ventiquattro; 27 = ventisette; 28 = ventotto; 29 = ventinove; 31 = trentuno; 33 = trentatré; 44 = quarantaquattro; 56 = cinquantasei; 63 = sessantatré; 77 = settantasette; 85 = ottantacinque; 96 = novantasei

13 Interviste

(ASCOLTARE)

Procedimento: Per l'ascolto procedete come indicato nell'introduzione a p. 9 *(Fase I – Comprensione globale)*. Fate poi notare i due diversi modi di esprimere una motivazione (*per* + sostantivo, *perché* + verbo). Infine invitate gli studenti a scrivere la loro personale motivazione completando la frase nel riquadro azzurro.

Soluzione:
Il signor Nugnes studia l'italiano per motivi familiari. Il signor Hansen studia l'italiano per amore. Il signor Gonzalez studia l'italiano per lavoro.

2

Trascrizione:

1

- ■ Perché studia l'italiano?
- ▶ Eh, perché sono italiano.
- ■ Come, è italiano...?!
- ▶ No, io veramente sono di Stoccarda; mio padre è italiano, di Lecce.
- ■ Ah, ma Lei l'italiano lo parla bene.
- ▶ No, lo parlo poco, non bene, perché a casa parliamo sempre in tedesco. E allora faccio un corso d'italiano per parlare con i parenti in Italia.

2

- ■ Signor Hansen, Lei è tedesco?
- ▶ No, no: danese, io sono danese.
- ■ Ah, mi scusi.
- ▶ Di Copenaghen.
- ■ OK. E perché studia l'italiano?
- ▶ Perché amo, amo...
- ■ Perché ama la lingua italiana?
- ▶ No, perché amo...
- ■ La cucina italiana?
- ▶ No, no, perché amo una donna italiana!
- ■ Ah, per amore, veramente!? Bello!
- ▶ Sì, sì. Studio l'italiano per parlare con lei e per abitare in Italia, un giorno.

3

- ▶ Signor Gonzalez, Lei di dov'è?
- ■ Sono cileno.
- ▶ Ah, e di dove?
- ■ Di Santiago.
- ▶ E perché studia l'italiano?
- ■ Per lavoro.
- ▶ Ah, perché... che lavoro fa?
- ■ Sono meccanico.
- ▶ E per il suo lavoro Le serve l'italiano?
- ■ No, adesso no. Ma vorrei lavorare in una ditta italiana.
- ▶ Ah, davvero? E dove? Alla FIAT?
- ■ No, no, no, alla Ferrari!

14 Perché studi / studia l'italiano?

(PARLARE)

Procedimento: **a.** Invitate gli studenti ad alzarsi e a intervistare i compagni per trovare quelli che hanno la stessa motivazione. Annunciate il tempo disponibile e mettete una musica di sottofondo. Mentre gli studenti lavorano, pianificate la composizione dei gruppi per la seconda fase.

b. Scaduto il tempo, aumentate il volume della musica per annunciare la fine della prima fase, formate i gruppi e invitate gli studenti a raccontarsi cos'è venuto fuori dalle interviste.

15 Ricapitoliamo!

(SCOPRIRE LA GRAMMATICA)

Obiettivo: fare il punto sull'articolo indeterminativo.

Procedimento: **a.** Invitate gli studenti a cercare nelle pagine del libro le parole elencate nel riquadro azzurro (*amico / amica* si trovano nella tabella delle interviste, tutti gli altri vocaboli sono negli annunci di p. 25) e a riportare nel riquadro l'articolo che le precede. Fatevi poi dettare la soluzione e scrivetela alla lavagna. Chiedete quindi con quale criterio si sceglie l'articolo indeterminativo guidando gli studenti nella formulazione della regola.

b. Seguite le indicazioni del manuale. Dopo che ognuno avrà aggiunto gli articoli alle parole del vicino, insieme dovranno controllare la correttezza di entrambe le liste. Per ogni dubbio potranno rivolgersi a voi.

Soluzione:

♂	♀
un ragazzo	*una* ragazza
un amico	*un'*amica
uno scambio	

L'articolo *un* si usa davanti a sostantivi maschili che cominciano per consonante e davanti a sostantivi maschili che cominciano per vocale. L'articolo *uno* si usa davanti a sostantivi maschili che cominciano per *s* + consonante, *z*, *ps*, *y*. L'articolo *una* si usa davanti a sostantivi femminili che cominciano per consonante. L'articolo *un'* si usa davanti a sostantivi femminili che cominciano per vocale.

16 Una nuova identità

(PARLARE E SCRIVERE)

Obiettivo: ricapitolare quanto imparato nelle prime due lezioni.

Procedimento: Accertatevi che il compito sia chiaro. Date poi un paio di minuti per compilare la scheda personale. Formate quindi delle coppie diverse da quelle dell'attività precedente e fate svolgere la seconda fase (intervista al compagno).

Culture a confronto

I saluti: Fate svolgere le prime due attività, che prendono spunto dai disegni, in coppie o in piccoli gruppi. Tematizzate poi la questione insieme a tutta la classe (nella lingua madre dei discenti). Per concludere questa fase, invitate gli studenti ad alzarsi, a girare per la classe, a salutarsi e a chiedersi come stanno in italiano con le parole e i gesti più adatti in base all'interlocutore (cioè per esempio scegliendo fra il *tu* e il *Lei* ecc.). Mettete una musica di sottofondo e aumentate il volume per segnalare la fine dell'attività.

Scheda informativa

Saluti e gesti
La tradizione europea è segnata dal saluto romano (il braccio destro teso in avanti con la mano aperta, leggermente inclinata in alto rispetto al braccio), ormai andato in disuso (era la forma di saluto utilizzata nel periodo fascista), ma rintracciabile oggi nel classico gesto della mano sventolata in alto.
Il saluto di gran lunga più diffuso è sicuramente la stretta di mano, tipica delle situazioni formali. I baci sulle guance, invece, si danno in genere tra persone dello stesso sesso, da destra verso sinistra.

Numeri e fortuna: Seguite le indicazioni del manuale e fate svolgere quest'attività in piccoli gruppi. Tematizzate poi la questione in plenum.

Scheda informativa

Il numero 13
Secondo alcuni porta bene, come fare 13 al Totocalcio. Secondo altri porta male, come essere 13 a tavola; tanto che per evitare ciò si aggiunge un posto in più. Questa credenza deriva dall'episodio evangelico dell'ultima cena.
Il numero 17
Viene considerato un numero sfortunato perché XVII (17 in cifre romane) è un anagramma di VIXI, che significa in latino "vissi", cioè adesso sono morto. Inoltre, secondo la Bibbia, proprio il diciassette sarebbe iniziato e terminato il diluvio universale. Si dice poi che soprattutto il venerdì 17 porti sfortuna perché di venerdì sarebbe morto Gesù.

Portfolio

Autovalutazione – Obiettivo: fare un bilancio della seconda lezione.

Procedimento: Procedete come indicato a p. 25 dell'introduzione *(Portfolio)*.

Strategia – Obiettivi: imparare a porsi obiettivi di studio concreti; sfruttare al meglio il tempo disponibile grazie alla pianificazione.

Procedimento: • *Meine Ziele:* Seguite le indicazioni del manuale raccomandando agli studenti di essere il più possibile concreti. Aggiungete che anche chi studia una lingua per hobby dovrebbe cercare di formulare degli obiettivi concreti perché studiare in maniera mirata aumenta le probabilità di successo. Dite che scrivano pure nella loro lingua.
• *Wie sieht mein Lernplan aus:* Spiegate che lo scopo di quest'attività è quello di aiutare gli studenti a trarre il massimo vantaggio dal corso d'italiano pur dovendolo conciliare con tutti gli altri impegni quotidiani. Invitateli quindi a mettere le crocette riflettendo sulle loro reali esigenze e disponibilità di tempo.
• *Wege zum erfolgreichen Lernen:* Ricordate che in quest'unità è già stata evidenziata l'utilità della collaborazione fra compagni di studio. Invitate dunque gli studenti a svolgere quest'ultima attività in piccoli gruppi per aiutarsi a vicenda. Alla fine sottolineate che le pagine del Portfolio sono importanti appunto perché mirano ad aiutare il discente a ottimizzare il proprio metodo di studio in modo da ottenere il massimo in rapporto al tempo disponibile. Dite che ulteriori suggerimenti arriveranno nelle prossime lezioni.

Un caffè, per favore!

Tema: al bar, abitudini a colazione.

Obiettivi comunicativi: ordinare e pagare al bar; offrire qualcosa a qualcuno; chiedere il conto; orientarsi in un 'listino'; informarsi su abitudini alimentari (a colazione); leggere un breve testo informativo.

Grammatica e lessico: la concordanza sostantivo / aggettivo; il plurale dei sostantivi e dell'articolo determinativo; i verbi regolari in *-ere* e *-ire*; il verbo *bere*; *vorrei*; le preposizioni *con* e *senza*; i nomi di bevande e spuntini, alcuni alimenti relativi alla colazione.

3

1 Per iniziare

Obiettivo: introdurre il tema 'bar' facendo leva sull'esperienza di vita.

Procedimento: Formate dei gruppi, fate aprire il libro a p. 31 e invitate gli studenti a dirsi liberamente tutto quello che gli viene in mente guardando la foto (parole, concetti, situazioni, ricordi delle vacanze...).

2 Bevande e spuntini

(LAVORARE CON IL LESSICO)

Obiettivo: introdurre il lessico del campo semantico 'bar' mettendo a fuoco le conoscenze pregresse.

Procedimento: **a.** Fate coprire con un foglio tutta la pagina 33. Invitate poi gli studenti a cerchiare le bevande e gli spuntini che conoscono (anche solo per sentito dire). **b.** Chiedete ai discenti di classificare le parole come hanno già fatto nella prima lezione, svolgendo il compito dapprima individualmente e poi confrontandosi con un compagno. Verificate quindi in plenum e trascrivete alla lavagna la classificazione che vi verrà dettata. Infine chiedete agli studenti se conoscono ancora qualche bevanda o spuntino e, se sì, in quale categoria può andare.

Soluzione:
Caffetteria → caffè, cappuccino, tè, latte;
Bibite → spremuta d'arancia, aranciata, acqua minerale; **Alcolici** → vino, birra, aperitivo, amaro; **Snack e Pasticceria** → cornetto, panino, piadina, toast, tramezzino

3 Al bar

(ASCOLTARE, LEGGERE E ANALIZZARE)

Obiettivi: **a.** - **c.** sviluppare la comprensione auditiva; **d.** fissare espressioni utili per ordinare e pagare al bar (al banco).

Procedimento: **a.** Accertatevi che la pagina 33 rimanga coperta e procedete come indicato nell'introduzione a p. 9 *(Fase 1 – Comprensione globale)*, badando che gli studenti non voltino pagina.

b. e **c.** Procedete come indicato nell'introduzione a p. 10 *(Fase 2 – Comprensione più dettagliata)*.

d. Seguite le indicazioni del manuale, raccomandando nuovamente di evitare di tradurre e sforzarsi invece di individuare le espressioni che esprimono una certa intenzione comunicativa. Fate confrontare con un compagno e poi verificate in plenum. Ottenuta la soluzione, fate notare innanzi tutto la presenza dei verbi *prendere* e *offrire* e dite che appartengono alle altre due coniugazioni del sistema verbale italiano (quella in *-ere* e quella in *-ire*, appunto). Dite che il presente di questi verbi si costruisce praticamente come quello dei verbi in *-are*: richiamate l'attenzione degli studenti sullo specchietto in basso a destra e chiedete loro che cosa gli salta all'occhio osservando le desinenze (sono le stesse per entrambe le coniugazioni) e poi pregateli di individuare la differenza rispetto alla coniugazione di *lavorare* (la terza persona singolare in *-e* invece che in *-a*). Quanto a *vorrei*, chiedete a che cosa potrebbe corrispondere nella loro lingua (in tedesco a *ich möchte*) e dite agli studenti di imparare questa forma per il momento solo come elemento lessicale che serve a esprimere un desiderio.

Soluzioni:

a. a

b. Buongiorno.; Tu che cosa prendi? Oggi offro io!; E per me un caffè... macchiato.; Caldo.; Vorrei pagare subito. Quant'è?; Ecco a Lei.

d. **fragen, was jemand trinken / essen möchte:** Tu che cosa prendi?; **jemandem etwas spendieren:** Offro io!; **etwas bestellen:** Per me..., prodotto + per favore; **jemandem etwas reichen:** Ecco...; **einen Wunsch äußern:** Vorrei...; **bezahlen:** Quant'è?

4 Un invito al bar

(PARLARE)

Procedimento: Formate dei piccoli gruppi e seguite le indicazioni del manuale. Sottolineate che non si tratta di riprodurre l'intero dialogo, ma solo le battute corrispondenti alle funzioni *chiedere a qualcuno cosa vuole bere / mangiare* e *offrire qualcosa a qualcuno*, senza la figura del barista. Potranno servirsi dei vocaboli raccolti a p. 32.

5 Il macchiato, caldo o freddo?

(SCOPRIRE LA GRAMMATICA, LAVORARE CON IL LESSICO)

Obiettivo: tematizzare la concordanza fra sostantivo e aggettivo al singolare.

Procedimento: **a.** Fate leggere le battute del barista scritte nei fumetti. Chiedete ai discenti di osservare bene le combinazioni sostantivo + aggettivo contenute in queste battute e nel titolo dell'attività (a sua volta una battuta del dialogo 3) facendo particolare attenzione all'ultima lettera di ogni parola. Invitateli a discutere con un compagno su una possibile regola. Mentre le coppie lavorano, dividete la lavagna in due e scrivete da una parte *maschile* e dall'altra *femminile*. In plenum guidate poi la classe alla formulazione delle seguenti regole: 1. Gli aggettivi hanno lo stesso genere e numero dei sostantivi a cui si riferiscono; 2. Ci sono aggettivi che hanno una forma per il maschile e una per il femminile: gli aggettivi con il maschile in *-o* hanno il femminile in *-a*; 3. Gli aggettivi in *-e* hanno invece una sola forma per il maschile e per il femminile. Ricostruita la regola, fate notare la somiglianza con quella che riguarda le desinenze dei sostantivi (lezione 1).

b. Seguite le indicazioni del manuale. Fate svolgere individualmente e poi confrontare con un compagno. Infine verificate in plenum.

c. Formate delle coppie, accertatevi che il compito sia chiaro e poi procedete come al punto 16 della lezione 1.

Soluzione:

b. alcolico – analcolico; amaro – dolce; frizzante – naturale

Soluzione possibile:

c. **il latte** caldo / freddo; **il tè** caldo / freddo / amaro / dolce; **l'acqua** fredda / frizzante / naturale; **la birra** fredda / alcolica / analcolica; **l'aranciata** fredda / amara / dolce; **la pizzetta** calda / fredda; **l'aperitivo** alcolico / analcolico, **il panino** caldo / freddo; **la cioccolata** calda / amara / dolce; **il caffè** caldo / freddo / amaro / dolce

6 Ordinare al bar

(PARLARE)

Procedimento: Formate dei gruppi di tre persone e dite agli studenti di immaginarsi di essere nel bar raffigurato più sopra. Dite che si distribuiscano innanzi tutto i ruoli (due avventori e un barista) e che ognuno legga solo le istruzioni relative al proprio ruolo (per evitare che leggano anche il resto potete fotocopiare le consegne e incollarle su cartoncini da distribuire in base ai ruoli usando la scheda disponibile nel sito Internet). Accertatevi che il compito sia chiaro e dite che per i prezzi possono orientarsi a quelli che hanno visto a p. 33, facendo notare anche lo specchietto *Lingua* presente nella stessa pagina. Procedete poi come illustrato nell'introduzione a p. 14 *(Produzione orale)*.

7 In un locale

(ASCOLTARE)

Obiettivo: sviluppo della comprensione auditiva.

Procedimento: **a.** Vi converrà riprodurre su lucido tutta la pagina 35 e mostrarla punto per punto coprendo tutto il resto. Se non potete proiettare un lucido, scrivete alla lavagna oppure dite agli studenti di coprire con un foglio tutto quello che si trova sotto il compito da svolgere di volta in volta. Procedete come indicato nell'introduzione a p. 9 *(Fase 1 – Comprensione globale)*.

b. Procedete come indicato nell'introduzione a p. 10 *(Fase 2 – Comprensione più dettagliata)*.

Soluzioni:

a. In un bar. / In un caffè letterario.

b. È un locale dove è possibile anche leggere il giornale, leggere un libro, partecipare alla presentazione di un libro, ascoltare musica dal vivo.

Trascrizione:

▶ Ah, bello questo bar!

▷ Sì, è carino, proprio carino... e anche grande...

■ Sì, è vero. Però non è un semplice bar, eh... C'è anche una sala da tè con angolo lettura. Hanno giornali, riviste... anche una piccola biblioteca.

▶ Ah, bello.

■ E poi la sera organizzano presentazioni di libri, anche con musica dal vivo.

▷ Ah, davvero? Insomma, un po' come un... caffè letterario...

■ Sì, ecco, un caffè letterario, sì.

▶ Interessante...

● Allora ragazzi, avanti, che cosa prendete? Vado io a fare lo scontrino.

▶ Per me una birra piccola, un toast e un caffè.

▷ Io prendo una spremuta d'arancia, un tramezzino e dopo anche un caffè.

■ Sì, anch'io. Però dopo al posto del caffè, vorrei un cono. Qui i gelati sono molto buoni.

● Ah, è una buona idea. Allora prendo un cono anch'io.

...

◆ Buongiorno. Mi dica.

● Buongiorno. Allora: due caffè, due spremute d'arancia, due tramezzini, una birra piccola, un toast e due coni.

◆ I coni con o senza panna?

● Mmmmm... Con la panna.

◆ Allora sono 17 euro e 80.

● Ecco a Lei.

◆ Grazie. ... Eh, scusi... lo scontrino!

● Ah... grazie!

Scheda informativa

La casa editrice Gambero Rosso pubblica la guida "Bar d'Italia", che recensisce e classifica i bar d'Italia conferendo chicchi e tazzine, simboli scelti per sintetizzare il giudizio. I bar premiati sono locali molto diversi: locali storici o estremamente innovativi, ma tutti locali unici. Il "Premio Innovazione" è riservato invece al bar con l'idea innovativa più interessante per quanto riguarda ambiente, offerta e servizio, e consiste nella possibilità di seguire un corso a scelta presso l'Università del Caffè di Trieste.

8 Alla cassa

(ASCOLTARE, SCOPRIRE LA GRAMMATICA)

Obiettivo: ordinare e pagare al bar (alla cassa).

Grammatica e lessico: il plurale dei sostantivi; le preposizioni *con* e *senza*; altri nomi di bevande e spuntini.

Procedimento: **a.** Chiedete agli studenti di numerare le battute in base all'ordine in cui le hanno sentite e procedete come indicato nell'introduzione a p. 10 *(Fase 2 – Comprensione più dettagliata)*.

b. Fate controllare con l'aiuto della registrazione. Chiedete quindi agli studenti di trovare le espressioni che si usano per invitare qualcuno a dire che cosa vuole *(Mi dica)*, per riassumere *(Allora)*, per proporre due alternative *(o: I coni con **o** senza panna?)*, per richiamare l'attenzione di una persona (*Scusi!*, formale).

c. Chiedete agli studenti di rintracciare nel dialogo e trascrivere nella tabella le parole che mancano. Per il plurale di *liquore*, che nel dialogo manca, dite di consultare il listino di pagina 36. Chiedete quindi alle coppie di discutere su come si forma il plurale dei sostantivi. Infine verificate in plenum guidando la classe alla formulazione della regola corretta.

d. Presentate il listino prezzi e dite che servirà per svolgere il prossimo compito. Spiegate quindi i vocaboli eventualmente ancora oscuri e poi formate dei gruppi diversi da quelli del punto 6. Fate leggere le consegne e accertatevi che il compito sia chiaro (per sicurezza, fate un ulteriore esempio dando inizio a una catena e chiedendo a un paio di persone di continuare). Dite ai gruppi di segnarsi ogni volta quante battute corrette sono riusciti a dire di seguito (se la classe è piccola, giocherà tutta insieme e sarete voi a contare). Infine annunciate il tempo a disposizione e tenetevi fuori dal gioco. Scaduto il tempo, chiedete a ogni gruppo quante battute ha la sua serie più lunga e se avete una classe portata alla competitività, alla fine proclamate il gruppo vincitore. In ogni caso complimentatevi con tutti anche per lo sforzo di memoria.

Soluzioni:

a.

◆ Buongiorno. Mi dica.
● Buongiorno. Allora: due caffè, due spremute d'arancia, due tramezzini, una birra piccola, un toast e due coni.
◆ I coni con o senza panna?
● Mm... Con la panna.
◆ Allora sono 17 euro e 80.
● Ecco a Lei.
◆ Grazie. ... Eh, scusi... lo scontrino!
● Ah... grazie!

c.

un tramezzino un liquore un caffè un toast	due *tramezzini* due *liquori* due *caffè* due toast	♂
una spremuta una colazione	due *spremute* due colazioni	♀

9 A colazione

(LAVORARE CON IL LESSICO, LEGGERE)

Obiettivi: introdurre il campo semantico 'colazione'; sviluppare la comprensione della lingua scritta.

Procedimento: **a.** Dite agli studenti di coprire con un foglio la pagina 37 e guardare la scena del disegno a pagina 36; chiedete quindi se secondo loro è mattina o sera e cosa stanno facendo le due persone. Pregateli poi di guardare bene quello che c'è sul tavolo per abbinare ai disegni le parole elencate nel riquadro giallo a sinistra. Per verificare proiettate un lucido sul quale avrete riprodotto questa pagina, numerate i vocaboli del riquadro da 1 a 10, chiedete agli studenti di dirvi (anche nella loro lingua madre) a quali disegni hanno abbinato le parole e contrassegnateli con i numeri corrispondenti alle parole, in modo che la soluzione sia chiara a tutti. Chiedete infine quali altri alimenti vedono nel disegno.

b. Spiegate voi il compito nella lingua madre degli studenti in modo che essi possano rimanere a p. 36. Fate svolgere questo compito dapprima individualmente e poi fate confrontare in coppia oppure fate redigere il menu in coppia e confrontare poi con compagni diversi: l'importante è che discutano sulle diverse scelte. Il duplice scopo di quest'attività è quello di riflettere su una questione di carattere interculturale e di stimolare la curiosità per la lettura (perciò non verificherete in plenum).

c. Informate gli studenti che adesso potranno verificare la correttezza del loro menu per la colazione e poi procedete come indicato nell'introduzione a p. 12 *(Gli input scritti – Procedimento)*. Per concludere la fase di lettura, dite agli studenti che hanno appena esercitato una precisa abilità – leggere per trovare determinate informazioni – e che, anche se forse non se ne sono accorti, hanno messo in pratica il suggerimento che si trova nel riquadro *(Tipp)*: il loro interesse, in questo caso, era quello di scoprire se avevano il menu giusto o no e la loro mente avrà selezionato automaticamente le parti di testo utili a questo scopo. Raccomandate agli studenti di tenere presente questa procedura e di metterla in pratica consapevolmente.

Soluzione:

a.

10 L'italiano, gli italiani ...

(SCOPRIRE LA GRAMMATICA)

Obiettivo: tematizzare il plurale dei sostantivi.

Procedimento: **a.** Dite agli studenti di scorrere rapidamente il testo per rintracciare i quattro articoli che mancano nello schema (e che sono usati proprio con quelle parole), nel frattempo copiate lo schema alla lavagna. Fatevi poi dettare la soluzione e chiedete come si forma il plurale dell'articolo determinativo guidando la classe nella formulazione della regola.

b. Formate delle coppie e spiegate la prima parte del compito precisando che, anche se cercano insieme, ognuno deve scrivere le parole sul suo foglio. Scaduti i tre minuti, fate formare nuove coppie e spiegate la seconda parte del compito: la questione della lista più lunga è naturalmente solo un incentivo per le persone competitive, l'importante è che insieme attribuiscano alle parole di entrambe le liste l'articolo corretto. Controllate coppia per coppia e, se si tratta di una classe che ama gareggiare, proclamate i vincitori, senza dimenticare di lodare anche gli altri.

Soluzione: **a.** il giovane – *i* giovani; l'uso – *gli* usi; *lo* yogurt – gli yogurt; la ragazza – *le* ragazze; l'aranciata – le aranciate

11 Abitudini

(SCRIVERE E PARLARE)

Obiettivo: riflettere sulle proprie abitudini alimentari (a colazione) e informarsi su quelle degli altri.

Procedimento: Prima di passare al compito **a**, ritornate al testo del punto 9. Fate rileggere le ultime tre righe – da «E non pochi» a «... non fanno colazione» – e chiedete agli studenti innanzi tutto che cosa può significare *mangiano* e poi che cosa notano nell'uso della negazione (in un caso è doppia e il raddoppio è obbligatorio). Fate quindi notare la presenza di *preferiscono* (riga 6-7) e spiegate che una serie di verbi in *-ire* presenta la particolarità di inserire *-isc-* fra la radice e le desinenze del singolare e della terza persona plurale, come si vede anche nello specchietto in basso a destra. Si tratta solo di una particolarità, ma questi verbi non sono irregolari; irregolare è invece *bere*, la cui coniugazione si trova nello stesso specchietto perché potrebbe essere utile per lo svolgimento dei compiti al punto 11 (irregolare è solo la radice: se qualcuno vi dovesse chiedere da dove viene, dite che deriva dall'infinito latino *bĭbere* diventato in seguito *bevere*, se nessuno dice niente sorvolate).

a. Invitate gli studenti a scrivere nel riquadro azzurro come fanno colazione.

b. Formate ora delle coppie e dite loro di scrivere alcune domande utili per scoprire quali abitudini hanno i compagni di corso a colazione. Stabilite il tempo a disposizione.

c. Procedete come indicato nell'introduzione a pagina 14 *(Produzione orale)*. Per concludere l'attività potete chiedere se qualcuno ha trovato un compagno con abitudini simili a quelle degli italiani.

Culture a confronto

Obiettivo: discutere su bevande con particolare funzione sociale.

Procedimento: Dite agli studenti di guardare il disegno e chiedete che cosa ci fa capire che questa scena si svolge in Italia (mentre altrove si ordina semplicemente un caffè, in Italia ognuno ha la "sua" variante). Dite poi di leggere rapidamente il testo e di trovare la definizione adatta a ogni foto. Verificate in plenum e chiedete se qualcuno sa come sono gli altri tipi di caffè citati nel testo. Chiedete anche se sanno in quali momenti della giornata si beve quale tipo di caffè (per esempio, il cappuccino si beve a colazione, ma non dopo i pasti).
Riprendete le ultime due righe del testo, in cui il caffè è definito un rito e un momento d'incontro. Formate dei gruppi e dite di rispondere alle due domande riportate sotto le foto. Concludete facendovi dire che cosa è venuto fuori dal lavoro di gruppo e rispondendo ad eventuali domande. Potete anche chiedere se qualcuno sa quali città italiane siano particolarmente legate alla tradizione del caffè (Napoli e Trieste).

Soluzione:
1ª foto → caffè corretto; **2ª foto** → caffè alla napoletana; **3ª foto** → caffè espresso;
4ª foto → caffè ristretto; **5ª foto** → moka classico

Scheda informativa

Modi di bere il caffè

Il **caffè con la moka** è una bevanda preparata con un apparecchio, detto moka, ideato da Alfonso Bialetti nel 1933. Si tratta del classico caffè che si prepara a casa.

Il **caffè alla napoletana** viene preparato con una speciale caffettiera composta da due parti separate da un filtro a cestello. La particolarità: quando l'acqua bolle, la caffettiera napoletana si toglie dal fuoco e si capovolge velocemente per permettere all'acqua calda di filtrare nel cestello attraversando la polvere di caffè.

Il **caffè espresso** si ottiene per mezzo di un'apposita macchina per caffè. È il tipico caffè che viene servito al bar.

Il **caffè lungo**, ottenuto con la macchina espresso, contiene una maggiore quantità di acqua. Anche se meno denso, il caffè lungo contiene però più caffeina di quello normale.

Il **caffè ristretto** è un caffè espresso molto ridotto. Il caffè così preparato mette particolarmente in risalto l'aroma della bevanda. Ha un contenuto di caffeina molto basso.

Il **caffè macchiato** si ottiene aggiungendo al caffè una piccola quantità di latte (una 'macchia').

Il **caffè corretto** si ottiene aggiungendo al caffè un po' di grappa o altro alcolico.

Il **caffè shakerato** è un caffè con ghiaccio agitato nello shaker.

Il **caffè decaffeinato** è un caffè privato del suo contenuto di caffeina.

Il **caffè all'americana** è un infuso preparato in una caffettiera a filtro, molto diffuso in Germania e negli Stati Uniti.

Portfolio

Autovalutazione – Obiettivo: fare un bilancio della terza lezione.

Procedimento: Procedete come indicato a p. 25 dell'introduzione *(Portfolio)*.

Strategie – Obiettivo: riflettere sul proprio stile di apprendimento.

Procedimento: Dite che quest'attività integra e approfondisce quella svolta nella prima lezione.

a. Invitate gli studenti a fare il breve test dopo aver letto con attenzione le istruzioni.

b. Dite di fare i calcoli, in base alle istruzioni, per vedere se emerge una tendenza.

c. Spiegate che se si è constatata una tendenza, sarà utile adottare metodi di studio mirati, mentre se si è decisamente tipi 'misti' si potrà prendere di tutto un po'. Invitate quindi gli studenti a cercare fra i compagni di classe quelli con i risultati più simili ai loro per scambiarsi esperienze e suggerimenti. Per concludere potete riportare la discussione in plenum e chiedere quali idee interessanti siano emerse dalla discussione di gruppo. Evidenziate che ***Chiaro!*** propone stimoli utili a tutti gli stili di apprendimento (per esempio foto e disegni per il tipo visivo, ascolti per il tipo auditivo, attività in movimento per il tipo cinesico), ma che per ottenere il miglior risultato possibile è importante personalizzare il metodo di studio.

Alcuni suggerimenti

Tipo visivo: sfruttare tutto lo spazio del libro per prendere appunti; disegnare mappe concettuali, grafici, diagrammi, tabelle e simili; usare i colori per evidenziare particolarità grammaticali; scrivere i vocaboli italiani su bigliettini da appiccicare agli oggetti corrispondenti; preparare il proprio schedario 'visivo' (immagine da un lato e parola dall'altro, oppure subito sotto) rielaborare graficamente le pagine disponibili in formato word sul CD-ROM per adeguarle alla proprie esigenze; sfruttare al massimo i testi scritti presenti nel libro, per esempio fotocopiandoli per poterli rileggere in qualsiasi momento anche senza doversi portar dietro tutto il libro; durante gli ascolti (cioè le attività che probabilmente creano le maggiori difficoltà) aiutarsi il più possibile con l'immaginazione cercando di "guardare" la scena come in un film.

3

Tipo auditivo: ascoltare il CD nel tempo libero (o facendo la spesa, andando al lavoro, facendo una passeggiata...); ascoltare canzoni italiane; leggere ad alta voce i testi; recitare i dialoghi insieme a un compagno; ascoltare i dialoghi a casa e ripeterli ad alta voce; leggere ad alta voce anche le consegne lunghe e complicate; per capire meglio i testi scritti, cercare di spiegarne il contenuto ad alta voce (ovvero sfruttare al massimo le fasi di lavoro in classe in cui bisogna scambiarsi le informazioni con i compagni); abbinare i vocaboli a suoni (per esempio la parola *mare* al rumore delle onde che si infrangono sugli scogli); preparare il proprio 'schedario auditivo' registrando una parola e un suono corrispondente; sfruttare al massimo le fasi in cui l'insegnante parla in italiano; leggere ad alta voce quello che si vuole studiare, registrarlo e poi ascoltarlo per studiarlo 'veramente'.

Tipo cinesico: archiviare i vocaboli costruendo uno schedario personale (con le tradizionali schede cartacee o usando il CD-ROM); abbinare i vocaboli a percezioni tattili, gustative e olfattive; abbinare determinate parole (come verbi che indicano azioni o i nomi di professione) a un certo movimento; scrivere di proprio pugno le parole che si vogliono studiare; chiosare le pagine del libro; scrivere i vocaboli italiani su bigliettini da appiccicare agli oggetti corrispondenti; non studiare seduti alla scrivania (ovvero sfruttare al massimo le situazioni in cui in classe si lavora muovendosi).

Tutti i santi giorni

Tema: routine quotidiana, il fine settimana.

Obiettivi comunicativi: chiedere e dire l'ora; parlare di attività / abitudini quotidiane; situare nel tempo azioni / abitudini quotidiane (ordine cronologico); esprimere preferenze; parlare delle attività del fine settimana; dire con che frequenza si fa qualcosa.

Grammatica e lessico: i verbi riflessivi; alcune preposizioni articolate *(a, da)*; i verbi *giocare*, *andare* e *uscire*; il verbo *piacere* + infinito; l'interrogativo *Quando?*; l'ora; le attività quotidiane; le parti del giorno; i giorni della settimana; alcune indicazioni di tempo *(dalle ... alle, la mattina, di giorno)*; gli avverbi di frequenza *(spesso, qualche volta, sempre...)*.

1 Per iniziare

Obiettivo: introdurre il tema 'vita quotidiana'.

Procedimento: Fate aprire il libro a p. 41, invitate gli studenti a guardare la foto e chiedete che momento della giornata è secondo loro: il termine *mattina* è già comparso nella lezione 3 (a p. 37 nel testo del punto **9c**), ma probabilmente non sarà stato riutilizzato nelle attività di produzione; per facilitare la risposta converrà perciò scrivere alla lavagna i vocaboli *mattina*, *pomeriggio*, *sera*, *notte* (accompagnati magari da disegnini stilizzati tipo ☾ ☼). Indicate poi la donna nella foto e chiedete «Che cosa fa?». Si tratta con ogni probabilità di una domanda retorica perché il verbo *aprire* e il termine *finestra* non sono ancora comparsi nel manuale, ma vi servirà comunque come 'ponte' per introdurre l'attività iniziale: risponderete voi stessi aggiungendo una frase tipo «Lei comincia così la giornata. E voi?», portando poi l'attenzione degli studenti sulla domanda del punto **1** ed invitando le coppie di vicini a svolgere l'attività, durante la quale potranno naturalmente chiedere i vocaboli di cui eventualmente avranno bisogno.

2 Che ore sono?

(ASCOLTARE)

Obiettivo: introdurre le ore.

Procedimento: **a.** - **b.** Seguite le indicazioni del manuale. Fate svolgere l'attività dapprima singolarmente, poi fate confrontare in coppia e infine controllate in plenum indicando, per il punto **b**, di volta in volta un orologio e chiedendo *Che ore sono?* (a tale scopo sarà utile riprodurre su lucido l'attività). Spiegate poi che gli italiani normalmente pensano ed esprimono le ore in senso orario: solo a partire dai 'meno venti' esiste la possibilità di pensare – per così dire – in due direzioni scegliendo fra la dizione *e...* e la dizione *meno...*, come per esempio nel primo orologio della seconda fila. Aggiungete che per esprimere l'ora indicata dal primo orologio in alto a sinistra si potrebbe anche dire *Sono le nove e quaranta* e chiarite che, dal punto di vista comunicativo, non esiste alcuna differenza fra i due modi di esprimersi, come non esiste differenza fra *...e mezzo* ed *...e mezza*. Precisate, però, che il linguaggio usato in quest'attività è quello informale,

4

mentre nelle situazioni formali (alla stazione, all'aeroporto, alla radio, in TV ecc.) si usa l'orario ufficiale, come illustrato nel riquadro *Lingua*. Chiedete infine agli studenti qual è l'unica ora che si esprime al singolare *(l'una)* e quali sono le ore che si esprimono senza articolo *(mezzogiorno / mezzanotte)*. Per accertarvi che tutto sia chiaro, chiedete ad alcuni studenti che ora è con l'aiuto di un orologio disegnato alla lavagna o con un orologio di cartone con lancette mobili che potrete preparare voi stessi.

c. Ponete agli studenti la domanda citata nel libro e invitateli a scrivere la risposta nel riquadro azzurro (in lettere e, fra parentesi, in cifre) usando il linguaggio informale.

Soluzioni:
a. Sono le sette.
b. (prima fila, da sinistra) Sono le dieci meno venti. Sono le dieci e un quarto. Sono le dieci e venticinque. Sono le dieci e mezzo / mezza. (seconda fila, da sinistra) Sono le dieci e tre quarti. È mezzogiorno. / È mezzanotte. È l'una.

3 Le ore del mondo
(GIOCO)

Obiettivo: esercitarsi a chiedere e a dire l'ora.

Procedimento: Formate dei gruppi di quattro persone, fate leggere le consegne e chiarite gli eventuali dubbi attraverso una prova con uno studente.

4 La giornata di Lucia
(LAVORARE CON IL LESSICO)

Obiettivo: introdurre il campo semantico 'vita quotidiana'.

Grammatica e lessico: verbi riflessivi; *cominciare a, finire di, andare*; *all' / alle* + ora.

Procedimento: **a.** I disegni sono in ordine cronologico, le frasi invece no. Invitate gli studenti a ricostruire la giornata di Lucia abbinando ogni disegno alla frase che lo descrive. Raccomandate loro di lavorare con le conoscenze di cui dispongono e con la fantasia, senza consultare il glossario in fondo al libro. Il lavoro individuale sarà seguito da un confronto in coppia e da una verifica in plenum. A questo punto sarà chiaro il significato delle (non poche) espressioni nuove contenute nel testo e vi potrete concentrare sugli elementi più importanti. Chiedete dunque agli studenti di sottolineare tutte le espressioni che indicano l'ora in cui Lucia fa qualcosa e aiutateli poi a capire come funziona la preposizione articolata *a* (sempre cercando di farvi fornire la regola da loro). Chiedete poi che cosa fa Lucia alle 6.30 e introducete così i verbi riflessivi, di cui qui compare un unico esempio perché si è scelto di privilegiare un approccio lessicale, in cui le strutture grammaticali sono subordinate alle esigenze comunicative. Altri verbi riflessivi compariranno nel corso di questa lezione e di quelle successive. Per il momento limitatevi dunque a far notare che la coniugazione di questi verbi è identica a quella della forma attiva, per cui l'unico elemento veramente nuovo è il pronome riflessivo, che in italiano si trova sempre immediatamente prima del verbo (come si vede nello specchietto *Grammatica*). Potete poi far coniugare qualche altro verbo legato alla routine quotidiana (come *alzarsi, lavarsi, vestirsi*, ecc.). Evidenziate, infine, che non sempre a una forma riflessiva italiana corrisponde una forma riflessiva in altre lingue (a *svegliarsi* corrisponde, per esempio, il tedesco *aufwachen*). Per quanto riguarda *andare*, basterà dire che si tratta di un verbo irregolare, la cui coniugazione potrà essere controllata in qualsiasi momento grazie alla tabella riportata nella terza di copertina.

b. Questa mini-produzione costituisce, innanzi tutto, una prima riutilizzazione degli elementi appena appresi e in secondo luogo una preparazione alla produzione più libera del punto successivo. Seguite le indicazioni del manuale e restate a disposizione per ogni domanda.

Soluzione:
La mattina → 2, 1, 3; All'ora di pranzo → 2, 3, 1; Il pomeriggio → 1, 3, 2; La sera → 2, 3, 1

Scheda informativa

Accompagnare i bambini a scuola
In Italia i genitori accompagnano i bambini a scuola spesso in macchina: in primo luogo perché gli italiani usano abitualmente la macchina per muoversi, in secondo luogo perché i bambini non vanno necessariamente nella scuola del quartiere in cui vivono.

5 A che ora?
(PARLARE)

Procedimento: L'attività si svolge in due fasi. Fate leggere la consegna e per esemplificare il compito chiedete a uno studente di formulare una domanda relativa alla giornata di Lucia come se la ponesse a Lucia stessa (quindi con il *tu* o con il *Lei*). Lasciate poi che gli studenti scrivano le domande da porre al vicino, dicendo loro quanto tempo hanno per farlo e rimanendo a disposizione per eventuali richieste. Conclusa questa fase, formate le coppie e invitate gli studenti ad intervistarsi a vicenda.

6 Vita quotidiana
(ASCOLTARE)

Obiettivi: **a.** prepararsi all'ascolto facendo leva sull'esperienza di vita; **b.** - **d.** sviluppare la comprensione auditiva esercitando, in particolare, la capacità di deduzione.

Procedimento: **a.** Formate delle coppie diverse da quelle del punto **5**, fate leggere la consegna e chiarite l'espressione *dal lunedì al venerdì* servendovi dell'agenda riportata a p. 44 che avrete riprodotto su lucido (basterà tracciare, per esempio, una parentesi graffa che unisca i due giorni e scrivere le preposizioni in corrispondenza del lunedì e del giovedì); chiedete poi quali giorni corrispondono al fine settimana, cogliendo l'occasione per chiarire la pronuncia dei nomi.

b. Procedete come indicato nell'introduzione a p. 9 *(Fase 1 – Comprensione globale)*.

c. - **d.** Procedete come indicato nell'introduzione a p. 10 *(Fase 2 – Comprensione più dettagliata)*. Concluso l'ascolto, soffermatevi sulle indicazioni di tempo contenute nelle frasi del punto **c** e utili per le produzioni successive: ***il** sabato / **la** domenica* per indicare un'abitudine, *dalle .... alle* per indicare la durata di un'attività, ***di** giorno / **di** notte* per indicare la fase della giornata.

Soluzioni:
c. Pietro lavora anche il sabato o la domenica, a volte lavora anche di notte, ha un giorno libero.
d. Pietro fa il giornalista.

Trascrizione:
(Track 17)
■ Oh, mi scusi!
◆ Scusi, scusi Lei! ...
■ Ma ... noi ci conosciamo? Tu sei Paola, no? ... Sabato... alla festa?
◆ Sabato... Ah, sì, è vero! Adesso mi ricordo. E tu invece ti chiami...?
■ Pietro.
◆ Ah sì, Pietro. Pietro, come va? Cosa fai di bello qua?
■ Va bene, grazie, non c'è male. Adesso vado a lavorare. Prima, però, prendo un caffè, tanto è qui vicino...
◆ Vai a lavorare anche oggi? Ma è sabato!
■ Eh sai, io a volte lavoro anche il sabato. Mi succede di lavorare anche la domenica...
◆ Ah! Ma che lavoro fai, scusa?
■ Eh... indovina un po'?
◆ E come faccio a indovinare? Dai!
■ E prova!
◆ Eh, allora dammi almeno qualche informazione, non so: a che ora cominci, a che ora finisci, per esempio.

4

- Mah, normalmente comincio verso le 10. E questo è davvero l'unico dato certo, o quasi, del mio orario...
- Oddio...
- ... Poi la sera non so mai quando finisco: qualche volta finisco alle nove, alle dieci, alle undici – o magari mi capita di lavorare fino alle tre di mattina, se succede qualcosa di importante. Dipende...
- Ma lavori anche di notte?! Non dormi mai?
- Sì, certo che dormo! Solo che non ho orari fissi, tutto qua.
- Senti, ma... e un giorno libero? Hai un giorno libero?
- Sì, però non è sempre il sabato o la domenica, può cambiare anche quello.
- Oh, certo è difficile indovinare!... Mmm, senti... lavori da solo o lavori con altre persone?
- Mah, in parte lavoro da solo e in parte con altre persone.
- In casa o in un ufficio?
- Un po' in casa, un po' in ufficio: per esempio la mattina la prima cosa che faccio è ascoltare le notizie alla radio, poi leggo i giornali, guardo i primi telegiornali. Insomma, m'informo. E poi vado in ufficio. Eh, hai indovinato? Che lavoro faccio?

...

(Track 18)

- Dunque, aspetta: lavori di giorno, a volte lavori anche di notte, t'informi molto, lavori da solo e con altri... Fai il giornalista?
- Brava, indovinato!

Scheda informativa

Il lavoro del giornalista

In Italia i giornali quotidiani escono anche la domenica, pertanto i giornalisti lavorano anche il sabato.

7 Chi...?

(PARLARE)

Procedimento: Fate leggere le consegne nonché le domande del questionario e accertatevi che tutto sia chiaro. Procedete poi come indicato nell'introduzione a pagina 14 *(Produzione orale)*. Per concludere l'attività potete chiedere se qualcuno ha trovato dei compagni con abitudini simili alle proprie, chi sono questi compagni e quali sono le abitudini in comune. Oppure potete formare delle coppie in base alle somiglianze e invitare gli studenti a descriversi vicendevolmente la propria giornata sul modello di quella di Lucia (ma naturalmente in prima persona).
Se volete ricapitolare le strutture introdotte finora in questa unità, potete aggiungere un'attività di gruppo: ognuno pensa una professione (quella che esercita davvero oppure un'altra a sua scelta) e i compagni devono indovinare qual è facendo delle domande come al punto **7** e come hanno sentito nella registrazione del punto **6**. Quest'attività può risultare particolarmente utile nel caso in cui la lezione precedente si sia conclusa appunto con l'attività 6.

8 Che cosa ti piace fare?

(LAVORARE CON IL LESSICO)

Obiettivi: **a.** introdurre alcune espressioni utili per parlare del tempo libero; **b.** imparare ad esprimere preferenze usando il verbo *piacere* seguito da un verbo.

Procedimento: **a.** Seguite le indicazioni del manuale e fate svolgere il compito, come al solito, in tre fasi (svolgimento individuale, confronto in coppia, verifica in plenum). Nel corso della verifica invitate gli studenti a soffermarsi sull'espressione *andare al cinema* e chiedete se secondo loro la parola *cinema* è maschile o femminile (possono arrivarci grazie alla preposizione articolata *al*, che rimanda necessariamente a una forma maschile, o magari perché qualcuno ha presente il francese *cinéma*): se nessuno ha la risposta giusta, fornitela voi.

b. Copiate alla lavagna le tre frasi del riquadro azzurro sostituendo però i puntini di sospensione con le vostre preferenze (scelte fra le espressioni del punto 8a) e aiutate gli studenti a capire come funziona il verbo *piacere* (i pronomi indiretti qui introdotti sono quelli utili all'immediata produzione, gli altri verranno introdotti in seguito): evidenziate in particolare la posizione del pronome e della negazione. Leggete a voce alta la prima parte della consegna, accertatevi che il compito sia chiaro e stabilite il tempo a disposizione per completare le frasi. Quando tutti avranno scritto, raccogliete i foglietti e introducete la seconda parte dell'attività spiegando anche come si usa il verbo *piacere* nelle domande e come si può rispondere a domande di questo tipo (con l'aiuto dell'esempio riportato nel libro). Date quindi il via all'attività, che si svolgerà in plenum o, se la classe è molto numerosa, in due gruppi (in tal caso bisognerà fare attenzione nella raccolta e ridistribuzione dei foglietti).

Soluzione:
a. fare una passeggiata → 1; uscire con gli amici → 2; andare a cena fuori → 5; andare al cinema → 6; ballare → 4; andare a una festa → 7; andare a un concerto → 3

9 Il fine settimana
(LEGGERE, PARLARE)

Obiettivo: **a.** sviluppare la comprensione della lingua scritta; **b.** tematizzare alcune espressioni di frequenza; **c.** parlare di abitudini relative al fine settimana.

Procedimento: **a.** Fate leggere il compito, accertatevi che sia chiaro e poi procedete come indicato nell'introduzione a p. 12 *(Gli input scritti – Procedimento)*. Nei messaggi compare più volte il verbo irregolare *uscire*, la cui coniugazione è riportata a p. 47 (ai fini della produzione) nonché nella tabella in terza di copertina.

b. Invitate gli studenti a sottolineare nei messaggi le frasi che contengono le espressioni di frequenza citate nel titolo dell'attività **9b**. Quando l'avranno fatto, ponete loro le domande contenute nella consegna e invitateli a discuterne con un compagno. Verificate poi in plenum: guidate gli studenti nel ragionamento tenendo conto che la posizione dell'avverbio è una questione complessa e verrà perciò trattata a più riprese. L'avverbio si trova di solito vicino alla parola o al gruppo di parole cui si riferisce e in genere si colloca dopo il verbo. L'inversione avverbio + verbo viene fatta normalmente per motivi di enfasi: nei messaggi di p. 46 appunto per porre l'accento sulla frequenza, tema su cui è incentrato il forum. Per quanto riguarda *non...mai*, chiedete agli studenti se si ricordano un altro caso in cui hanno visto il raddoppio della negazione: se nessuno se lo ricorda, richiamate alla mente l'espressione *non mangiano niente / non mangio niente* comparsa nella lezione 3 (p. 37) e precisate che la sequenza è '*non* + verbo + *mai*'.

c. Fate leggere il compito, accertatevi che sia chiaro e precisate che le coppie sono libere di scegliere tra forma confidenziale e forma di cortesia senza però mescolarle.

Soluzione possibile:
a. Davide sta bene con Molly perché il fine settimana Davide e Molly vanno a ballare o al cinema / amano andare a ballare o al cinema.
Soluzione:
b. *Di solito, qualche volta e spesso* si trovano prima del verbo, *sempre si* trova dopo il verbo. L'avverbio *mai* è accompagnato dalla negazione *non*.

10 Abbinamenti di parole
(LAVORARE CON IL LESSICO)

Obiettivo: fare il punto su alcune collocazioni (verbi / sostantivi, *andare* + *in* / *a*).
Attività di questo tipo sono importanti perché abituano i discenti a lavorare non su singoli

4

vocaboli isolati, ma su combinazioni di parole: solo tali combinazioni, infatti, se effettuate correttamente, 'producono' significati e consentono di comunicare esprimendo concetti comprensibili ai parlanti nativi. Il verbo *bere*, per esempio, si può abbinare a certi sostantivi, ad altri invece no: normalmente si dice *bevo il caffè*, ma non *bevo la minestra*, benché in entrambi i casi si tratti di ingerire un liquido (e di un verbo transitivo + complemento oggetto). Allo stesso modo, nell'esercizio qui proposto, davanti ad ogni sostantivo si possono collocare solo alcuni verbi con risultati accettabili, ad altri no. È fondamentale perciò che i discenti si abituino fin dall'inizio a non studiare i vocaboli italiani come puri sinonimi di determinati vocaboli della loro lingua (per esempio, '*bere* significa *trinken*'), ma come 'compagni abituali' di altre parole italiane. Quest'abitudine, inoltre, aiuterà il discente ad ancorare le combinazioni di parole a un contesto e a memorizzare i vocaboli con maggiore facilità.

Procedimento: **a.** Spiegate innanzi tutto lo scopo e l'utilità di esercizi di questo tipo (vedi sopra): è importante che gli studenti ne siano consapevoli. Seguite poi le indicazioni del manuale. L'attività sarà individuale, seguita dalla verifica in plenum.

b. Seguite le indicazioni del manuale facendo svolgere l'attività dapprima individualmente e poi in coppia oppure direttamente in coppia. In entrambi i casi seguirà una verifica in plenum.

Soluzioni:
a. leggere un libro; passare la serata; guardare un film; fare una passeggiata; restare a casa; uscire con gli amici
b. andare in discoteca, in un pub; andare a cena fuori, al bowling, a una festa, a ballare

11 Il forum della classe
(SCRIVERE, LEGGERE, PARLARE)

Procedimento: Per tutte le fasi tenete conto di quanto si dice nell'introduzione a pagina 15 *(Compiti di gruppo)*. Per scrivere potete dare agli studenti la pagina che trovate nel sito Internet.

a. Seguite le indicazioni del manuale, stabilendo il tempo a disposizione e precisando che sarà possibile chiedervi aiuto in qualsiasi momento.

b. Raccogliete i messaggi e appendeteli (o metteteli su un banco) in modo che risultino ben leggibili. Invitate gli studenti a leggere i messaggi dei compagni per scegliere la persona che gli pare più adatta per un sabato sera insieme.

c. Formate dei gruppi: adesso ognuno riferirà quale compagno ha scelto e perché.

Culture a confronto

Indovina chi viene a pranzo...

Obiettivo: discutere sui momenti e sulle modalità d'incontro della famiglia.

Procedimento: **a.** Dite agli studenti di guardare la foto e di fare delle supposizioni sulla situazione raffigurata rispondendo alle domande contenute nella consegna.

b. Formate delle coppie e dite agli studenti di fare, anche in lingua madre, delle ipotesi sul titolo *Indovina chi viene a pranzo*: che iniziativa può essere? Che cosa succede? Lasciate qualche minuto per la discussione e poi invitate gli studenti a verificare le loro ipotesi leggendo il testo. Precisate che non è assolutamente necessario capire tutte le parole, ma solo quanto basta per comprendere – a grandissime linee – di che iniziativa si tratta. Per evitare che gli studenti si perdano nella ricerca di vocaboli, stabilite il tempo a disposizione per la lettura, scaduto il quale riformate le coppie di prima e invitatele a dirsi quello che hanno capito. Riportate poi l'attività in plenum chiedendo se qualche coppia aveva indovinato almeno in parte. Con il contributo di tutti si potrà così riassumere, anche nella lingua madre dei discenti, l'informazione essenziale fornita dal testo: *Indovina chi viene a pranzo* è un'iniziativa in cui famiglie italiane e straniere si incontrano, una domenica, per pranzare insieme. Quest'iniziativa fa parte della festa interculturale *Ritmi e danze dal mondo*, svoltasi nel 2008 a Giavera del Montello (che si trova in Veneto, in provincia di Treviso).

c. Leggete a voce alta la prima domanda contenuta nella consegna e invitate gli studenti a trovare la risposta rileggendo il testo da "Da sempre..." fino a "... in tranquillità" (tra la fine della seconda colonna e l'inizio della terza). Formate poi dei gruppi e dite agli studenti di rispondere insieme alle domande contenute nella consegna. Concludete facendovi dire che cosa è venuto fuori dal lavoro di gruppo e rispondendo ad eventuali domande. Precisate che anche in Italia la struttura della famiglia è ormai piuttosto variegata, per cui i momenti d'incontro possono anche essere diversi da questo, ma il pranzo della domenica risulta ancora molto diffuso (su questi temi si ritornerà nei prossimi volumi).

Scheda informativa

Il pranzo della domenica
Il pranzo della domenica rappresenta ancora oggi un rito irrinunciabile per molti italiani. Al di là del valore gastronomico (si preferisce in genere una cucina tradizionale), le famiglie si incontrano soprattutto per riaffermare il valore della famiglia e lo spirito di convivialità.
Il pranzo della domenica viene organizzato, in genere, nella casa della famiglia d'origine, mentre molto raramente ci si incontra a casa di amici.

Portfolio

Autovalutazione – Obiettivo: fare un bilancio della quarta lezione.

Procedimento: Procedete come indicato a p. 25 dell'introduzione *(Portfolio)*.

Strategie – Obiettivo: riflettere sulle possibilità di raccolta e archiviazione dei vocaboli nuovi.

Procedimento: **a.** Fate svolgere quest'attività individualmente seguendo le indicazioni del manuale.

b. Formate delle coppie, dite agli studenti di confrontare le loro soluzioni e di raccontarsi come lavorano normalmente con i vocaboli, discutendo, in particolare, sui vantaggi e sugli svantaggi dei metodi finora sperimentati. Per concludere riportate la discussione in plenum per raccogliere le idee e dare ulteriori consigli, per esempio quello di creare un proprio archivio servendosi delle tradizionali schede, se si ama scrivere a mano, oppure rielaborando il glossario contenuto nel CD-ROM di ***Chiaro! A 1*** e disponibile anche in formato word ed excel. O ancora usando il programma *phase -6*.

Ancora più chiaro 1

Obiettivo: Ripassare funzioni comunicative, lessico e grammatica delle lezioni 1 – 4.

Procedimento: Seguite il procedimento illustrato nell'introduzione a p. 26 *(Ancora più chiaro)* integrandolo con le indicazioni specifiche del manuale. Trattandosi del primo ripasso, sarà il caso di spiegare bene la funzione di queste attività e di guidare con particolare cura lo svolgimento delle singole fasi.

Test Unità 1-4
A pagina 148 si trova un test a scelta multipla concepito come compito individuale da svolgersi a casa. Le soluzioni si trovano a pagina 5 del fascicolo *Lösungen*.

Usciamo insieme?

Tema: informazioni per trovare un punto d'incontro in città; al ristorante (prenotare un tavolo, ordinare).

Obiettivi comunicativi: prenotare un tavolo al ristorante; ringraziare e reagire a un ringraziamento; chiedere e fornire semplici indicazioni stradali; leggere un menu; ordinare e chiedere il conto; esprimere preferenze riguardo al cibo; esprimere assenso e dissenso riguardo ai gusti.

Grammatica e lessico: i verbi *sapere* e *potere*; il verbo *piacere* + sostantivo; i pronomi oggetto atoni indiretti; le preposizioni *in* (+ via / viale / piazza) e *a*; aggettivi e locuzioni per descrivere un locale / ristorante; indicazioni di luogo; piatti italiani.

1 Per iniziare

Obiettivo: introdurre il tema 'ristorante' e alcuni aggettivi utili a descrivere un locale.

Procedimento: Utilizziamo questa foto per presentare alcuni procedimenti alternativi che potrete applicare, con le opportune modifiche, anche ad altre unità.

▹ Se l'inizio dell'unità coincide con l'inizio della lezione, potete

- trasformare la foto in un puzzle:

A libro chiuso
- fotocopiate l'immagine, ritagliate la parte superiore (escludendo quindi il titolo dell'unità) in diversi pezzetti e metteteli in una busta.
- dividete la classe in coppie, consegnate ad ognuna una busta e assegnate il compito di scoprire di che cosa si tratta. Al vostro «via!» gli studenti cominciano a ricostruire la foto: vince la coppia che riesce a indovinare più velocemente che cos'è raffigurato, magari anche prima di aver finito il puzzle, e lo dice ad alta voce in italiano.

A libro aperto: verificata la correttezza della soluzione, potete chiedere agli studenti che cosa vedono (persone, tavoli, cameriera ecc.) per ricavare il lessico noto. Quindi passate all'attività 1 (da svolgere in gruppi) che potrete concludere con un mini-sondaggio in plenum per vedere qual è l'impressione più diffusa in classe (e riprendere così la guida per passare all'attività successiva).

- trasformare la foto in un 'indovinello' per la classe:

A libro chiuso
- riproducete la foto su lucido – meglio se a colori – e preparate un foglio per coprirla ritagliando in quest'ultimo delle finestrelle (che potrete numerare in modo da avere già pronto l'ordine di apertura).

- proiettate in classe il lucido coperto col foglio e aprite le finestrelle una alla volta, nell'ordine prestabilito, invitando gli studenti a dire che cosa vedono e a fare delle ipotesi sull'immagine completa, che mostrerete quando qualcuno avrà indovinato.

A libro aperto: potete procedere come sopra.

▷ Se invece supponete che gli studenti abbiano visto la foto di recente, potete:

- lavorare sui ricordi personali:

A libro chiuso

- invitate gli studenti a chiudere gli occhi pensando a un locale in cui sono andati recentemente a mangiare. Chiedete loro di 'trasferirsi' mentalmente in quel locale per ricordare il maggior numero possibile di particolari (il luogo, l'atmosfera...).
- dopo un minuto, invitate gli studenti a riaprire gli occhi e chiedete loro di spiegare ad un compagno a quale locale hanno pensato (come si chiama, dov'è, ecc...) usando le parole che conoscono (volendo possono chiedere dei vocaboli a voi, ma non usare il libro).

A libro aperto: invitate gli studenti a osservare bene la foto e a dirsi se e in che cosa il locale di p. 55 assomiglia a quello a cui hanno pensato. Quindi formate nuovi gruppi e fate svolgere l'attività 1, che potrete anche in questo caso concludere con un mini-sondaggio in plenum.

- lavorare sull'esperienza di vita e le associazioni:

A libro chiuso
scrivete al centro della lavagna la parola *ristorante* (o, se preferite, *ristorante italiano*) e chiedete agli studenti di dirvi che cosa associano, spontaneamente, a questo luogo. Scrivete quello che dicono tutt'intorno alla parola in modo da creare una sorta di mappa concettuale.

A libro aperto: potete formare delle coppie invitando gli studenti a dirsi quali degli elementi appena elencati ritrovano nel locale di p. 55. Quindi formate nuovi gruppi e fate svolgere l'attività 1, che potrete anche in questo caso concludere con un mini-sondaggio in plenum.

2 Trambelcanto, il risto-tram di Roma

(PARLARE, ASCOLTARE)

Obiettivi: **a.** prepararsi all'ascolto usando l'immaginazione e la capacità di deduzione; **b.** - **c.** sviluppare la comprensione auditiva.

Procedimento: **a.** Fate chiudere il libro e scrivete alla lavagna il titolo dell'attività; formate dei gruppi e dite agli studenti di discutere su che cosa può essere il *Trambelcanto, il risto-tram di Roma*. Esortateli a usare tanto la fantasia quanto gli indizi forniti dalle parole.

b. Sempre a libro chiuso, invitate gli studenti a verificare le loro ipotesi e procedete come indicato a p. 9 dell'introduzione *(Fase 1 – Comprensione globale)*.

c. Dite agli studenti di inserire nel dialogo le battute del cliente basandosi sulle informazioni di cui dispongono. Per la verifica procedete come indicato nell'introduzione a p. 10 *(Fase 2 – Comprensione più dettagliata)*. Ricostruito il dialogo, chiedete agli studenti di individuare le espressioni che l'uomo usa per spiegare perché chiama *(Vorrei prenotare un tavolo)*, per chiedere se la sua richiesta può essere esaudita *(È possibile?)*, per specificare il giorno lasciando trasparire dei dubbi sulla fattibilità della cosa *(Eh, venerdì prossimo, se c'è posto)*, per manifestare soddisfazione *(Oh, benissimo! Perfetto)*, per congedarsi cortesemente *(Grazie a Lei. Arrivederci)*.

Soluzione possibile:
a. + **b.** Il Trambelcanto è un ristorante in un tram che fa un giro di Roma. Offre una cena con musica dal vivo (arie d'opera, cantanti lirici che interpretano Bellini, Rossini, Donizetti).

Trascrizione:

- ■ Cooperativa "Il sogno", buongiorno.
- ▶ Buongiorno. Senta, io vorrei prenotare un tavolo sul Trambelcanto. È possibile?
- ■ Per quando?
- ▶ Eh, venerdì prossimo, se c'è posto.
- ■ Venerdì prossimo... Sì, per quante persone?
- ▶ Due, solo due.
- ■ Sì, va bene, allora è possibile. Sa, i posti sono pochi... ma due ci sono ancora.
- ▶ Oh, benissimo! Perfetto. Ma senta, ma la serata comincia alle 21.00, giusto?
- ■ Proprio così. Alle 21.00, in Piazza di Porta Maggiore.
- ▶ Piazza di Porta Maggiore... E poi che giro fa il tram?
- ■ Dunque, all'andata passa per via Emanuele Filiberto, viale Manzoni, poi fa il Parco del Celio e la cena è presso il Colosseo, con vista sui Fori Imperiali; al ritorno fa un giro un po' diverso, ma torna in Piazza di Porta Maggiore.
- ▶ Ah, un bel giro. E quanto dura?
- ■ Circa tre ore, tre ore e mezza.
- ▶ Senta, e che musica c'è?
- ■ Arie d'opera, cantanti lirici che interpretano Bellini, Rossini, Donizetti....
- ▶ Ma cantano dal vivo?
- ■ Sì sì, cantano dal vivo.
- ▶ Oh, che bello! Perfetto, beh allora La ringrazio.
- ■ Prego, ma... scusi, un attimo, la prenotazione... a che nome?
- ▶ Ah, eh... Roncalli.
- ■ Roncalli. Va bene, grazie.
- ▶ Grazie a Lei. Arrivederci.
- ■ Arrivederci.

Soluzione:

c. Buongiorno. Senta, io vorrei prenotare un tavolo.; Eh, venerdì prossimo, se c'è posto.; Per due.; Oh, benissimo! Perfetto.; Roncalli.; Grazie a Lei. Arrivederci.

Scheda informativa

Trambelcanto

L'iniziativa *Trambelcanto*, promossa e realizzata dalla società di trasporti Trambus in collaborazione con altre associazioni affini, permette di cenare a bordo di un tram del 1928, ristrutturato e dotato di ogni comfort, che attraversa i luoghi più suggestivi di Roma. Contemporaneamente i passeggeri ascoltano dal vivo cantanti lirici professionisti che interpretano opere di Vivaldi, Bellini, Tosti, Donizetti, Rossini. La partenza è il venerdì alle ore 21.00 da Piazza di Porta Maggiore. La durata del percorso è di circa tre ore. I posti a disposizione sono 28. Per informazioni e prenotazioni è possibile rivolgersi, ad esempio, alla cooperativa "Il sogno".

Cooperativa "Il sogno"

La cooperativa "Il sogno" nasce nel 1997 con l'obiettivo di favorire l'inserimento nel mercato del lavoro di soggetti appartenenti a categorie svantaggiate sviluppando attività di impresa nel settore del turismo, della cultura e del tempo libero. La cooperativa si è specializzata nel settore del turismo sociale. Ha realizzato alcuni portali operanti nel turismo, nel tempo libero e nella biglietteria online.

3 Qualcosa in più

Obiettivo: introdurre altre espressioni utili per una prenotazione al ristorante.

Procedimento: Seguite le indicazioni del manuale facendo svolgere l'attività in tre fasi (svolgimento individuale, confronto in coppia, verifica in plenum).

Soluzione:

È possibile prenotare un tavolo per martedì prossimo? – Mi dispiace, il martedì siamo chiusi.; Siete aperti anche a pranzo? – Certo, dalle 12.30 alle 15.30.; È possibile avere un tavolo fuori? – No. Fuori è tutto prenotato, solo dentro.

4 Prenotare un tavolo
(PARLARE)

Procedimento: Formate delle coppie, spiegate agli studenti che faranno un gioco di ruolo e dite loro di stabilire, innanzi tutto, chi è A e chi è B. Raccomandate che ognuno legga solo le istruzioni relative al proprio ruolo (per evitare che leggano anche il resto potete fotocopiare le consegne e incollarle su cartoncini da distribuire in base ai ruoli). Accertatevi che il compito sia chiaro e fate notare anche lo specchietto *Lingua*, che aggiunge un'ulteriore funzione comunicativa. Procedete poi come illustrato nell'introduzione a p. 14 *(Produzione orale)*.

5 Indicazioni stradali
(ASCOLTARE, LEGGERE, LAVORARE CON IL LESSICO)

Obiettivi: **a.** sviluppare la comprensione auditiva e facilitare la comprensione della successiva e-mail; **b.** sviluppare la comprensione della lingua scritta (indicazioni stradali); **c.** chiarire il significato delle principali indicazioni di direzione.

Procedimento: **a.** Seguite le indicazioni del manuale. Verificate la soluzione in plenum facendovela dire dagli studenti e segnandola sulla piantina, che avrete riprodotto su lucido.

b. Spiegate agli studenti la situazione: l'uomo del dialogo 2 scrive un'e-mail a un'amica in visita a Roma (e dotata di palmare). Fate poi leggere il compito e accertatevi che sia chiaro: poiché, dopo aver ascoltato i track 19 e 21, il luogo dell'appuntamento è ormai noto, si tratta ora di scoprire da dove parte Francesca per raggiungerlo; dovendo seguire il percorso al contrario, gli studenti saranno più incuriositi e maggiormente stimolati a concentrarsi anche sulle indicazioni di luogo, invece di limitarsi a leggere i nomi delle vie. Per la lettura procedete come indicato nell'introduzione a p. 12 *(Gli input scritti – Procedimento)*. Alla fine, chiedete agli studenti in che via si trova l'albergo e segnatelo sul lucido, poi tracciate col pennarello l'intero percorso chiedendo agli studenti di fare altrettanto sul libro.

c. Seguite le indicazioni del manuale.

Trascrizione:
- ▶ Ma senta, ma la serata comincia alle 21.00, giusto?
- ● Proprio così. Alle 21.00, in Piazza di Porta Maggiore.
- ▶ Piazza di Porta Maggiore... E che giro fa il tram?
- ● Dunque, all'andata passa per via Emanuele Filiberto, viale Manzoni, poi fa il Parco del Celio e la cena è presso il Colosseo, con vista sui Fori Imperiali; al ritorno fa un giro un po' diverso, ma torna in Piazza di Porta Maggiore.

Soluzioni:

a. Piazza di Porta Maggiore.

b. L'albergo di Francesca è in via Sclopis.

c.

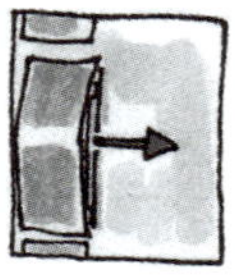
uscire da

girare a destra

attraversare

girare a sinistra

continuare dritto

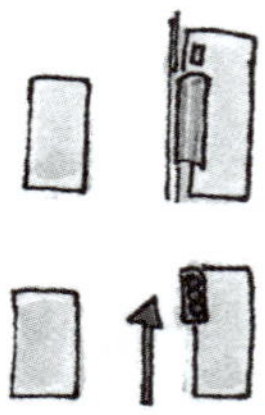
arrivare a un incrocio con il semaforo

6 Un appuntamento a Roma
(SCRIVERE)

Obiettivo: fornire e comprendere indicazioni stradali scritte.

Procedimento: Formate delle coppie e dite loro di usare come base la piantina di p. 57: dovranno scegliere un punto e spiegare al loro partner come raggiungerlo. Per farlo potranno seguire l'esempio di Federico, ma trattandosi di un SMS il loro messaggio dovrà essere più breve. Fate notare lo specchietto *Grammatica*, in cui si evidenzia l'uso della preposizione *in* senza articolo con i nomi di vie, viali e piazze. Stabilite il tempo e tenetevi a disposizione per eventuali richieste d'aiuto. Formate poi delle coppie e invitate gli studenti a scambiarsi i "messaggi": ognuno leggerà il testo del compagno e cercherà di trovare sulla piantina il punto d'incontro.

7 Senta, scusi!

(ASCOLTARE)

Obiettivo: ampliamento delle funzioni comunicative relative al tema 'indicazioni stradali'.

Procedimento: Invitate gli studenti a ricostruire i due dialoghi individualmente e partendo dalle battute già indicate con il numero 1. Fate poi verificare ascoltando le registrazioni. Controllate in plenum. Infine chiedete agli studenti di individuare nei due dialoghi le espressioni che si possono usare per richiamare l'attenzione di una persona per la strada *(Scusi! / Senta, scusi!)*, per chiedere il permesso di fare una domanda *(Le posso chiedere un'informazione?)*, per dire che non si conosce la risposta e scusarsi per questo *(Non lo so. Mi dispiace)*, per ringraziare *(Grazie lo stesso / Grazie mille)*, per reagire a un ringraziamento *(Di niente / Prego, non c'è di che)*, per dire quale mezzo pubblico si può prendere *(Può prendere l'autobus numero 3)*. Avrete così evidenziato alcune forme di *sapere* e *potere*, verbi irregolari le cui forme singolari compaiono a p. 59, in quanto utili all'attività 8, mentre l'intera coniugazione è consultabile a p. 63 e nella tabella in terza di copertina, alle quali rimanderete, evidenziando qui soltanto il doppio significato di *potere* (indica permesso e possibilità).

Soluzione:

1.

◆ Scusi! Le posso chiedere un'informazione?
▪ Sì, prego.
◆ Senta, sa dov'è la fermata del tram?
▪ La fermata del tram? No, non lo so. Mi dispiace.
◆ Ah... grazie lo stesso.
▪ Di niente.

2.

◆ Scusi. Piazza di Porta Maggiore è lontana?
○ Beh, a piedi sì, un po'. Però può prendere l'autobus numero 3.
◆ Ah sì? Dove, scusi?
○ La fermata è là, vede?
◆ Ah, sì. È vero. Beh, allora prendo l'autobus, grazie mille.
○ Prego, non c'è di che.

8 Per la strada

(PARLARE)

Obiettivo: esercitarsi a chiedere e fornire indicazioni stradali.

Procedimento: Formate delle coppie, fate leggere le consegne con gli esempi e accertatevi che il compito sia chiaro. Precisate che ognuno dovrà usare la piantina di p. 59 badando che il compagno non veda i luoghi scelti. Prima di dar il via all'attività fate notare lo specchietto *Grammatica* con le forme verbali nuove, utili per la comunicazione.

9 Mangiare all'italiana

(LAVORARE CON IL LESSICO)

Obiettivi: **a.** richiamare alla mente conoscenze pregresse e prepararsi all'ascolto; **b.** sviluppare la comprensione auditiva; **c.** introdurre espressioni utili per comunicare al ristorante.

Procedimento: **a.** Formate dei gruppi e seguite le indicazioni del manuale.

b. - **c.** Procedete come indicato nell'introduzione a p. 10 *(Fase 2 – Comprensione più dettagliata).*

Soluzioni:
b. Francesca ordina: risotto ai frutti di mare e verdure di stagione; **Federico ordina:** le mezze maniche all'amatriciana, la porchetta e le verdure di stagione. **Bevande:** un quarto di vino bianco, mezza minerale, un quarto di vino rosso.
c. Cameriere: Buonasera, signori.; E da bere?; Gasata o naturale?; E di contorno? **Francesca / Federico:** Io prendo ...; Però vorrei solo ...; Io invece prendo ..., Un quarto di vino rosso, per favore.

Trascrizione:
● Buonasera, signori.
■ ▶ Buonasera.
● Prego.
▶ Senta, il menu è fisso, no?
● Sì, abbiamo due menu: uno a base di carne e uno a base di pesce. Ecco, questa è la lista dei piatti.
■ Senta, bisogna proprio prendere il menu completo?
● No, signora, se vuole può prendere anche solo alcuni piatti.
■ Ah, bene. Mhm... cosa dici, prendiamo il pesce?
▶ No, io no. Il pesce non mi piace.
■ Ah... A me invece sì. Io prendo il pesce. Però vorrei solo il risotto e le verdure di stagione.
● Va bene, signora. E per Lei?
▶ E io invece prendo le mezze maniche all'amatriciana e... e la porchetta.
● Bene. E di contorno?
■ Perché non prendi i funghi... così assaggio anch'io....
▶ No, i funghi no. Non mi piacciono.
■ Neanche i funghi? Oh, ma sei difficile!
▶ Eh, prendo anch'io le verdure di stagione.
● Benissimo. Da bere?
■ Per me un quarto di vino bianco e mezza minerale.
● Gasata o naturale?
■ Gasata.
● Bene. E per Lei?
▶ Per me... un quarto di vino rosso, per favore.

Scheda informativa

I salamini sono un tipo di insaccato simile al salame, ma più piccolo.
Il **pecorino** è un formaggio prodotto con latte di pecora, tipico di varie regioni, soprattutto delle regioni centrali, meridionali e della Sardegna. Viene classificato in base alla stagionatura in: fresco, semi-fresco e stagionato.
Le **olive di Gaeta** si caratterizzano per una forma leggermente affusolata e colore violaceo. Esse vengono prodotte prevalentemente nel territorio comprendente Gaeta e i comuni limitrofi siti sui Monti Aurunci, in provincia di Latina (Lazio). Le olive di Gaeta vengono usate per produrre un ottimo olio e soprattutto per la conservazione in salamoia.
Le **mezze maniche** sono un tipo di pasta, hanno una forma cilindrica come i rigatoni ma sono più corte. Possono essere lisce o rigate.
L'**amatriciana** è un sugo che ha preso il nome da Amatrice, una cittadina in provincia di Rieti (Lazio). Si tratta di un condimento a base di pancetta o guanciale, pomodori e pecorino.
Il **risotto ai frutti di mare** è un piatto a base di riso, gamberetti, vongole, calamaretti e cozze.
La **porchetta** è un piatto tipico del centro Italia. È un maiale cotto intero al forno o allo spiedo con sale, pepe, lardo ed erbe aromatiche.
La **tagliata** di pesce misto è costituita da tranci di pesce di diverso tipo.
I **funghi trifolati** sono un contorno a base di funghi porcini, aglio, olio e prezzemolo.
Il **dolce millefoglie** è una torta di pasta sfoglia a più strati ripieni di crema.

10 Al ristorante
(PARLARE)

Procedimento: Formate dei gruppi di tre persone e dite agli studenti che si distribuiscano innanzi tutto i ruoli (due avventori e un cameriere) o assegnateli voi distribuendo gli appositi cartoncini (vedi scheda disponibile nel sito). Raccomandate che ognuno legga solo le istruzioni relative al proprio ruolo. Accertatevi che il compito sia chiaro, fate notare lo specchietto *Lingua*, che introduce ulteriori elementi lessicali, e procedete poi come illustrato nell'introduzione a p. 14 *(Produzione orale)*.

11 Questione di gusti

(SCOPRIRE LA GRAMMATICA)

Obiettivo: tematizzare l'uso del verbo *piacere* con un sostantivo.

Procedimento: Invitate gli studenti a leggere i mini-dialoghi, tratti dalla registrazione del punto **9**, per scoprire quando si usa *piace* e quando *piacciono*. Lasciate loro un po' di tempo per discuterne con un compagno, poi riportate l'attività in plenum e guidate la classe nella formulazione della regola.

Soluzione:
piace (forma singolare) si usa con un sostantivo al singolare, *piacciono* (forma plurale) si usa con un sostantivo al plurale.

12 Ti piace?

Obiettivo: parlare dei propri gusti e informarsi sui gusti altrui.

Procedimento: Invitate gli studenti a completare, innanzi tutto, la tabella azzurra (o la scheda che avrete stampato dal sito Internet) aggiungendo alcune pietanze e mettendo le crocette in base ai propri gusti. Lasciate un paio di minuti per questo compito e poi annunciate il prossimo: scoprire quali compagni hanno gli stessi gusti. Per far questo è necessario sapere come si esprime accordo e disaccordo: richiamate dunque l'attenzione sugli esempi e sullo specchietto *Lingua* per spiegare *anche / neanche* e *invece sì / invece no* (traducendoli eventualmente nella lingua madre dei discenti) e per evidenziare i pronomi *me* e *te*, qui introdotti solo come elementi lessicali utili alla comunicazione, senza alcuna sistematizzazione (rimandata a più tardi). Procedete poi come illustrato nell'introduzione a p. 14 *(Produzione orale)*.

13 Una cena insieme

(PARLARE)

Obiettivi: **a.** ampliare il lessico relativo alla descrizione di un locale; **b.** riutilizzare funzioni comunicative, lessico e grammatica della quinta lezione.

Procedimento: **a.** Seguite le indicazioni del manuale facendo svolgere il compito individualmente.

b. Formate dei gruppi, fate leggere la consegna con l'esempio e accertatevi che il compito sia chiaro. Fate notare i pronomi *ci* e *vi* evidenziati nello specchietto *Grammatica*. Procedete poi come illustrato nell'introduzione a p. 15 *(Compiti di gruppo)*.

5

Culture a confronto

Obiettivo: riflettere sui diversi usi e costumi per sapere come comportarsi.

Procedimento: **a.** *Come funziona in Italia?* Invitate gli studenti a mettere le crocette individualmente basandosi sull'esperienza o facendo delle supposizioni. Formate poi delle coppie e fate confrontare. Verificate quindi in plenum.

b. *E nel vostro Paese? E in altri Paesi?* Formate dei gruppi e dite di rispondere alle domande riportate sotto il questionario. Concludete facendovi dire che cosa è venuto fuori dal lavoro di gruppo e rispondendo ad eventuali domande. Se avete una classe multiculturale o studenti che hanno viaggiato molto, potete anche stilare insieme a loro una serie di regole (analoghe a quelle del questionario) per diversi Paesi.

Soluzione:
Il tavolo: Il cliente non si siede a un tavolo già occupato. **Il pane:** Il cameriere porta automaticamente il pane (nel disegno si vedono il pane e i grissini). **Il coperto** indica le cose che servono per mangiare, si paga. **Il conto:** Il cameriere porta un solo conto per tutti e poi si divide in parti uguali. **La mancia:** Il cliente lascia la mancia sul tavolo.

Scheda informativa

Dividere in parti uguali fra amici una spesa comune, per esempio una cena al ristorante, si dice in italiano "fare alla romana" (o pagare alla romana). Si tratta di un'abitudine molto diffusa fra i giovani, ma praticata in determinate occasioni a qualsiasi età.

Portfolio

Autovalutazione – Obiettivo: fare un bilancio della quinta lezione.

Procedimento: Procedete come indicato a p. 25 dell'introduzione *(Portfolio)*.

Strategie – Obiettivo: riflettere sui vari modi di decodificare vocaboli sconosciuti.

Procedimento: **a.** - **b.** Fate svolgere questi compiti individualmente seguendo le indicazioni del manuale. Dite che, se hanno usato un metodo diverso dai quattro citati nel questionario, lo possono scrivere nelle righe vuote.

c. Formate dei gruppi e dite agli studenti di confrontare risposte ed esperienze. Infine riportate la discussione in plenum per raccogliere le idee e dare ulteriori consigli.

E tu, cosa hai fatto?

Tema: un'esperienza di lavoro, un'esperienza privata (una festa).

Obiettivi comunicativi: parlare di attività e avvenimenti passati e darne un breve giudizio; raccontare un fatto seguendo un ordine cronologico; scrivere un biglietto di auguri.

Grammatica e lessico: il passato prossimo; l'uso degli ausiliari *avere* ed *essere*; alcuni participi passati irregolari; alcuni connettivi *(allora, prima, poi)*; l'avverbio *fa*; gli interrogativi *Quando?, Chi?, Con chi?*; marcatori temporali per parlare del passato; i mesi; la data; gli auguri.

6

1 Per iniziare

Obiettivo: introdurre il tema 'esperienza di lavoro'.

Procedimento: Formate delle coppie e chiedete agli studenti di fare delle supposizioni sulla situazione raffigurata nella foto: dove sono queste persone? Chi sono? Che cosa fanno? Le supposizioni servono a preparare la mente degli studenti ad affrontare il compito successivo, che consiste nella lettura di due e-mail scritte da una persona che ha partecipato a un seminario di lavoro.

2 Due messaggi
(LEGGERE)

Obiettivi: sviluppare la comprensione della lingua scritta; presentare alcune formule di saluto e di congedo proprie delle e-mail.

Procedimento: **a.** A libro chiuso, formate delle coppie assegnando ai partner i ruoli A e B. Poi, mostrando agli studenti la pagina 66 del vostro libro, dite loro che fra poco leggeranno un'e-mail: sulla pagina ne troveranno due, ma A leggerà soltanto la numero 1 e B soltanto la numero 2. Spiegate che dovranno fare dapprima una lettura rapida orientativa e poi completare la propria e-mail con le formule di saluto e di congedo appropriate, scegliendole fra quelle contenute nel riquadro verde accanto ai testi. Raccomandate agli studenti di concentrarsi solo sul significato generale del testo e sul compito da svolgere, senza fermarsi a meditare su parole o forme sconosciute: l'analisi si farà dopo. Accertatevi che il compito sia chiaro, stabilite il tempo a disposizione e date il via alla lettura. Scaduto il tempo, fate confrontare le soluzioni: A confronta con un altro A e B con un altro B. La verifica in plenum si farà dopo il punto **b**.

b. Ricomponete le coppie originali e invitate gli studenti a copiare dal compagno gli elementi mancanti dell'e-mail che non hanno ancora letto (A completerà così la sua e-mail 2 e B la sua e-mail 1). Fatto questo, leggete a voce alta le domande *Chi è il dottor Scaletti?*, *Chi è Stefano?* e invitate gli studenti a trovare la risposta leggendo anche l'e-mail che non hanno letto nella prima fase. Seguiranno un confronto in coppia (A con B) e la verifica in plenum.

Attenzione: nelle due e-mail 'Sergio' descrive il seminario e le attività da lui svolte in modo diverso e su questo si tornerà al punto 4. Quale sia la versione più veritiera si capirà, però, solo con l'ascolto del punto **8**. Per il momento non fornite dunque ulteriori informazioni, anzi, coltivate il 'mistero' per alimentare quella curiosità che costituisce uno stimolo essenziale per le attività di comprensione dei testi.

Soluzioni:
a. **1ª e-mail** → Gentile dott. Scaletti, Cordiali saluti, Sergio Masieri; **2ª e-mail** → Ciao Stefano, A lunedì, Sergio
b. Il dott. Scaletti è il direttore. Stefano è un collega.

3 Ho conosciuto, sono andato ...

(SCOPRIRE LA GRAMMATICA)

Obiettivo: primo approccio con il passato prossimo (forme regolari e due irregolari).

Procedimento: Per tutte le fasi tenete conto di quanto detto nell'introduzione a p. 15 *(La grammatica)*.

a. Invitate gli studenti a evidenziare, come indicato nella consegna, tutti i verbi che Sergio usa per raccontare che cosa è o non è successo durante il seminario. Il primo esempio *(è andato)* è già riportato nella consegna stessa. Per la verifica proiettate un lucido sul quale avrete riprodotto le due e-mail (possibilmente ingrandendole un po') e sottolineate voi stessi tutti questi verbi, naturalmente facendoveli indicare dagli studenti.

b. Seguite le indicazioni del manuale, invitando gli studenti a osservare bene i verbi evidenziati per capire come si forma il passato prossimo. In fase di verifica accertatevi che ogni studente abbia scelto e trascritto due esempi (uno con *essere* e uno con *avere*) che in futuro gli serviranno come punto di riferimento.

c. Constatato che la prima parte del verbo è costituita da forme note (il presente di *essere* o di *avere*), portate ora l'attenzione degli studenti sul participio passato e chiedete loro di completare le tre forme riportate. Sollecitateli a formulare una regola, poi scrivete alla lavagna alcuni verbi noti con participio regolare (*parlare, abitare, dormire*, ecc.) e fatevi dettare le corrispondenti forme del participio passato. Chiedete infine agli studenti di trovare nelle e-mail i due participi che non seguono questa regola e si definiscono perciò irregolari (*stato* e *conosciuto*, evidenziati anche nello specchietto *Grammatica* di p. 67, ma se i discenti riescono a individuarli da soli, è meglio).

d. Formate delle coppie e invitate gli studenti a svolgere il compito illustrato nel manuale. Lasciate loro un po' di tempo per discutere, poi chiedetegli di aiutarvi a completare le frasi (che intanto avrete trascritto alla lavagna o riprodotto su lucido) e sollecitateli a formulare le regole (quando il passato prossimo si forma con *essere*, la desinenza del participio passato si adegua in genere e numero al soggetto, con *avere* invece no; la negazione sta davanti al verbo ausiliare; le differenze e le analogie nella struttura della frase dipenderanno naturalmente dalla lingua madre dei discenti: per i germanofoni sarà importante evidenziare la posizione del participio passato e della negazione). A questo punto avrete ricostruito le regole essenziali per 'costruire' il passato prossimo, lodate dunque gli studenti per il lavoro svolto e fate loro notare che – come si è appena visto e come si legge nel primo *Tipp* di p. 67 – non è il caso di lasciarsi intimorire dalla grammatica: i compiti appena eseguiti dimostrano che questa 'bestia' si può 'domare'.

Soluzioni:
a. **1ª e-mail** → è andato, abbiamo lavorato, ho avuto, ho sentito, è andata; **2ª e-mail** → è stato, ho conosciuto, (non) sono andato, sono andato, abbiamo pranzato, siamo andati, abbiamo visitato, ho ricevuto, è stata.
b. passato prossimo: *avere / essere* + participio passato

c. pranzare → pranz*ato*; ricevere → ricev*uto*; sentire → sent*ito*.

d. (io) Non *sono andato* sempre al seminario.
(io) *Ho sentito* discussioni interessanti
La presentazione è andata bene.
(io) *Ho ricevuto* informazioni e idee utili.
(noi) *Siamo andati* al cinema.
(noi) *Abbiamo visitato* la città.
Le colleghe sono andate al seminario.
Lucia e Sara hanno visitato la città.

Quando il passato prossimo si forma con *essere*, la desinenza del participio passato concorda in genere e numero col soggetto. La negazione precede il verbo ausiliare (*avere* o *essere*).

4 Che differenze ci sono?

(LEGGERE E PARLARE)

Obiettivo: sviluppare la comprensione della lingua scritta.

Procedimento: Dopo aver capito come funziona il passato prossimo, gli studenti potranno capire meglio anche il contenuto delle e-mail del punto **2**. Invitateli dunque a rileggerle e a evidenziare con colori diversi le somiglianze e le differenze fra i due resoconti (all'utilità dei colori nello studio si riferisce anche il secondo *Tipp* di questa pagina, sul quale richiamerete l'attenzione alla fine dell'attività). Formate poi delle coppie e dite agli studenti di confrontare i risultati del loro lavoro. In plenum, potete poi farvi dettare tali risultati e trascriverli sinteticamente alla lavagna in due colonne (uguale / diverso). Se qualcuno dovesse chiedere perché ci siano delle differenze e/o quale sia la versione giusta, dite che si scoprirà nel corso della lezione 6.

Soluzione:
Punti in comune → La presentazione è andata bene. Sergio ha ricevuto idee utili.
Differenze → Sergio scrive al direttore che il seminario è andato bene, che ha lavorato molto e che non ha avuto un attimo di tempo. Al collega scrive invece che il seminario è stato noioso e che non è andato sempre al seminario perché ha conosciuto due colleghe ed è andato in giro con loro.

5 Ieri Francesca e Alberto ...

(SCRIVERE E PARLARE)

Obiettivi: **a.** prepararsi alla produzione riflettendo sull'uso dei verbi ausiliari; **b.** esercitarsi a raccontare quello che è successo nel recente passato.

Procedimento: **a.** Seguite le indicazioni del manuale precisando che i verbi vanno trascritti nella colonna giusta *all'infinito*. Fate svolgere l'attività individualmente e poi verificate in plenum. Infine chiedete agli studenti se notano delle differenze rispetto alla propria lingua madre (i germanofoni constateranno che per il momento non ce ne sono, ma dovranno far attenzione a non confondere l'italiano *passare* – che significa *verbringen* ed è comparso già nella lezione 4 – con il tedesco *passieren*, che in italiano si dice *succedere*).

b. Formate delle coppie. Aiutandosi con il disegno e con la fantasia, ogni coppia dovrà scrivere che cosa hanno fatto Francesca e Alberto. Stabilite il tempo a disposizione per questa fase e precisate che ogni studente dovrà scrivere il racconto su un foglio (a meno che non sia in grado di ricordarselo) perché ne avrà bisogno nella fase successiva, in cui lavorerà con un altro compagno. Prima di dare il via all'attività, fate notare i due 'promemoria' sotto la consegna: lo specchietto con due participi irregolari che potrebbero tornare utili e le parti del giorno, già imparate nella lezione 4 ma forse non più presenti a tutti. Mentre gli studenti scrivono, pensate a come formare le nuove coppie (per esempio dividendo i membri delle attuali coppie in A e B per poi crearne di nuove formate da A + A e B + B). Scaduto il tempo, comunicate agli studenti la formazione delle nuove coppie e invitateli a confrontare le loro versioni della giornata di Francesca e Alberto per trovare somiglianze e differenze.

6

Soluzione:
avere → ascoltare, avere, conoscere, fare, guardare, lavorare, leggere, passare, pranzare, ricevere, sentire, visitare;
essere → andare, essere, restare, uscire.

6 Il gioco delle bugie
(PARLARE)

Obiettivo: esercitarsi a raccontare al passato e a dare una spiegazione.

Procedimento: Formate dei gruppi e invitateli a sistemarsi in cerchio. Fate leggere le regole del gioco e, per accertarvi che siano chiare, sollecitate gli studenti a indovinare le vostre 'bugie'. Precisate che se vorranno usare un verbo di cui per esempio non conoscono il participio passato, potranno chiederlo a voi; alla fine dell'attività potrete trascrivere le forme richieste alla lavagna per renderne partecipi tutti.

7 A un seminario, al cinema o...?
(LEGGERE, SCOPRIRE LA GRAMMATICA, PARLARE)

Obiettivi: **a.** - **b.** sviluppare la comprensione della lingua scritta; **c.** evidenziare il passato prossimo del verbo *piacere* (con *essere*); **d.** raccontare un'esperienza.

Procedimento: **a.** - **b.** Fate leggere il compito, accertatevi che sia chiaro e poi procedete come indicato nell'introduzione a p. 12 *(Gli input scritti – Procedimento).*

c. Innanzi tutto, dite agli studenti di individuare i due participi irregolari presenti nei testi e chiedete loro qual è l'infinito (testo A: *visto* → *vedere*; testo B: *detto* → *dire*). Seguite poi le indicazioni del manuale facendo svolgere l'attività individualmente o in coppia. La risposta alla domanda, che verificherete in plenum, dipenderà dalla lingua madre dei discenti: per i germanofoni è diverso solo l'uso dell'ausiliare con il verbo *piacere* (l'italiano richiede *essere*), che verrà analizzato ed esercitato al punto **10**.

d. Formate dei gruppi e seguite le indicazioni del manuale tenendo conto di quanto detto nell'introduzione a p. 14 *(Produzione orale).*

Scheda informativa

La Franciacorta è una zona collinare situata tra Brescia (città della Lombardia) e il lago d'Iseo. È famosa per la dolcezza del paesaggio, nonché per la produzione di vini. Il nome "Franciacorta" è diventato sinonimo di vino spumante Docg prodotto nei vigneti della zona.
Il termine Franciacorta deriva da "curtes francae", ossia quelle piccole comunità di monaci benedettini (stabilitesi nell'Alto Medioevo nei pressi del lago d'Iseo) esentate dal pagamento dei dazi ai Signori e al vescovo locali per il trasporto e il commercio delle merci in altri Stati.

Campovolo è il concerto-evento tenuto da Ligabue il 10 settembre 2005 all'aeroporto di Reggio Emilia per celebrare i 15 anni di attività del cantante rock. L'idea era di creare la più grande zona da concerto con un sistema audio innovativo in modo da "avvolgere" il pubblico col suono. Al concerto sono accorse più di 180.000 persone. Il lato negativo è stato proprio la scarsa qualità dell'audio.

Luciano Ligabue (cantautore, scrittore, regista e sceneggiatore) nasce a Correggio, una cittadina emiliana, nel 1960. Inizia la sua carriera con il gruppo "Orazero". Nel 1990, dopo essersi unito ad un altro gruppo, i "ClanDestino", produce il suo primo LP, intitolato "Ligabue". Con il pezzo forte dell'album "Balliamo sul mondo" vince il premio "Festivalbar Giovani" e parte con una serie di concerti in tutta Italia. Successivamente pubblica tre album senza però riscuotere ancora grande successo. La svolta: Il rocker italiano abbandona i "ClanDestino", cambia la formazione della band e prepara l'album "Buon compleanno, Elvis", che lo renderà definitivamente popolare nel panorama musicale italiano.
Ligabue si dedica, nella sua carriera, anche ad

altre attività: scrive, ad esempio, il libro "Fuori e dentro il borgo", ottenendo successo di pubblico e di critica, e la sceneggiatura del film "Radio Freccia", basato in parte sulle vicende raccontate nel libro, riscuotendo numerosi consensi.

Edoardo Bennato, nato a Napoli nel 1949, è un noto cantautore e musicista. Notevolmente influenzato dalla musica rock e pop è però un artista molto eclettico: nella sua musica mescola ritmi partenopei e ritmi moderni, nonché melodie classiche e suoni etnici.

Elisa Toffoli, nome d'arte **Elisa**, (Trieste, 1977) è una famosa cantautrice italiana. Il genere musicale è fondamentalmente il rock, ma risente anche di influenze di altri generi musicali. Elisa scrive quasi tutti i testi delle sue canzoni in inglese.

Soluzioni:

a. Sono donne.

b. **A** → È andata a Brescia, con il gruppo del l'Uni3, ha visto una mostra, le sono piaciuti i quadri dei pittori della Hudson River School e i racconti di vita su indiani e cowboy; **B** → È andata a Campovolo, l'11 settembre, al concerto di Ligabue, le sono piaciuti Elisa e Ligabue, non le è piaciuta l'acustica.

8 Il momento della verità

(ASCOLTARE)

Obiettivo: sviluppare la comprensione auditiva.

Procedimento: Quest'ascolto si svolge in diverse fasi, in ognuna delle quali si scopre un pezzo di verità su Sergio e sul suo seminario. Seguite dunque le indicazioni del manuale e procedete per **a.** come indicato nell'introduzione a p. 9 *(Fase 1 – Comprensione globale)*, per **b.** - **d.** come indicato nell'introduzione a p. 10 *(Fase 2 – Comprensione più dettagliata)*. Per non disturbare la concentrazione nell'ascolto e la cooperazione fra pari, converrà fare due sole verifiche in plenum: dopo il punto **c** e dopo il punto **d**.

Soluzioni:

a. Valentina è la moglie.

b. A Sergio il seminario non è piaciuto. La presentazione di Sergio è andata bene.

c. Sergio non è andato sempre al seminario. Non è uscito con i colleghi. (È uscito con due colleghe.)

d. Valentina non è andata a una mostra. Giorgio è un vicino di casa. Sergio ha dimenticato il compleanno di Giorgio.

Trascrizione:

(Track 24)

■ Pronto?

▶ Vale, ciao amore, sono io.

■ Ah, ciao! Allora? Com'è andata oggi?

▶ Guarda, senti, come puoi immaginare, come al solito una noia mortale.

■ Davvero? Ma come, scusa, non hai fatto la presentazione?

▶ Ma sì, sì, la presentazione è andata benissimo. È stata un successone! Sai, questi seminari ormai, uff, guarda, quello di oggi non mi è piaciuto veramente per niente.

■ Senti un po', piuttosto, ieri sera ti ho chiamato al cellulare, ma non hai risposto...

▶ Beh sai, sono andato al cinema e quindi l'ho spento il cellulare, no?

■ Al cinema? Da solo?

▶ Beh, no guarda, ci sono andato con due colleghe. Le ho conosciute, erano simpatiche. Allora abbiamo deciso, dopo pranzo, un ristorante carino..., di non tornare al seminario, abbiamo fatto un giro per la città e poi la sera c'era un film interessante e siamo andati al cinema, insomma.

■ Ah! Mmm...

▶ Ma, senti... mi sembri un po' strana. Che c'è di male? Me lo spieghi?

■ Ma scusami, se spegni il cellulare!

▶ Ma che sto al cinema con il cellulare acceso! Ma si sa che va spento il cellulare al cinema.

■ Boh, sarà...

▶ Senti, io ti sento un po' perplessa. Tra noi ci deve essere fiducia. Mi dici che cosa c'è di strano?

■ Ma insomma, se lo dici tu...

6

(Track 25)

▶ Vabbè, senti, cambiamo argomento. E tu, mercoledì poi sei stata al concerto?

■ No, non ci sono andata perché sono rimasta a casa. Ho visto un DVD che mi ha prestato una collega.

▶ Ho capito. E visto che ieri non ci siamo sentiti, che hai fatto di bello?

■ Beh, prima ho incontrato Mariella – hai presente? – e abbiamo preso un aperitivo insieme. E poi, vabbè, sono andata alla festa di Giorgio.

▶ La festa di Giorgio? Ma che festa... di che Giorgio stai parlando, scusa?

■ Come "che festa, che Giorgio"? Giorgio, il vicino, la sua festa di compleanno... il 23 aprile...

▶ Ma scusa, che figura che ho fatto! Non gli ho mandato gli auguri! Che brutta figura, mamma mia!

■ Di nuovo?! Ma non è possibile! Lui ti manda sempre gli auguri, sempre. Ogni tuo compleanno ti manda gli auguri, e tu puntualmente ti dimentichi. Ma non è possibile, dai!

▶ Ma... scusa, ma l'anno scorso mi hai mandato un SMS. Tu lo sai che io mi dimentico. Sei tu che me lo devi ricordare. Non potevi mandarmi un SMS anche quest'anno?

■ Ma scusami, sono la tua segretaria! Ma figurati!

▶ Vabbè, senti, non reagire così. Mi dispiace, adesso ... bisognerà trovare un rimedio.

■ Senti, allora facciamo così: riattacchiamo, tu gli mandi un messaggino e ti scusi, gli fai gli auguri in ritardo e cerchi di recuperare un po' così.

▶ Vabbè, tanto io ormai la figuraccia l'ho fatta. Senti, faccio come dici tu. Dai, chiudiamo qui... e noi ci vediamo domani, no?

■ Sì, sì. ... Comunque, senti, la festa è stata bellissima!

▶ Ah, mi fa piacere. Vabbè, ciao, un bacio, amore, ciao.

■ Ciao, a domani.

9 Il detective privato

(SCRIVERE E PARLARE)

Procedimento: Formare gruppi di 4 persone e dite loro che si dividano i ruoli (2 A che lavoreranno insieme e 2 B che lavoreranno insieme) e leggano solo le istruzioni relative al proprio ruolo (nel sito Internet trovate la scheda per preparare i cartoncini). Prima che gli studenti comincino a lavorare, accertatevi che il compito sia chiaro e fate presente che sotto le istruzioni sono elencate alcune espressioni utili. Stabilite la durata di questa fase e precisate che rimarrete a disposizione per qualsiasi richiesta d'aiuto. Scaduto il tempo, dite agli studenti di formare nuove coppie (A + B): A, il 'detective', riferirà a 'Valentina', la quale a sua volta porrà al 'detective' le domande preparate in precedenza.

10 Ti è piaciuta la festa?

(GIOCO)

Obiettivo: tematizzare il passato prossimo di *piacere*.

Procedimento: **a.** Seguite le indicazioni del manuale e sollecitate gli studenti a formulare la regola.

b. Accertatevi che tutte le parole siano chiare e date un paio di minuti per la scelta e la trascrizione. Per il funzionamento del gioco sarebbe meglio preparare un ingrandimento della torta da consegnare a ogni studente (disponibile nel sito Internet), in modo da avere più spazio a disposizione per scrivere le parole scelte.

c. Fate leggere le regole del gioco, accertatevi che siano chiare e annunciate il tempo a disposizione. Tenetevi in disparte, ma pronti a esaudire eventuali richieste d'aiuto.

Soluzione:

a. Il participio del verbo *piacere* concorda in genere e numero con il sostantivo.

11 Tanti auguri a te!
(LEGGERE)

Obiettivo: imparare a formulare auguri e congratulazioni.

Procedimento: **a.** Ricordate agli studenti la telefonata di Sergio a Valentina e chiedete loro che cosa ha dimenticato Sergio (il compleanno di Giorgio, il vicino) e che cosa deve fare per rimediare (mandargli un messaggino). Dite quindi di leggere rapidamente i quattro testi per individuare quello scritto da Sergio (il primo a sinistra). Fate quindi abbinare ogni testo all'occasione giusta.

b. Seguite le indicazioni del manuale. La risposta dipenderà dalla lingua madre dei discenti. In italiano per la data si usano i numeri cardinali e quindi non si mette il punto accanto alla cifra (come si fa invece in tedesco), l'unica eccezione è il primo giorno del mese (per indicare il quale comunque non si usa il punto, al massimo si può scrivere *1°*). La data completa viene formulata nel seguente ordine: giorno – mese – anno. Gli anni (2009, 2011) sono qui presentati come elemento lessicale legato alla data e alla funzione "scrivere gli auguri / le felicitazioni e simili". I numeri espressi in migliaia verranno presentati più avanti.

Soluzione:
a. Sergio ha scritto il primo messaggio: Come al solito in ritardo... → compleanno; Benvenuto Francesco! ... → nascita; Felicitazioni vivissime ... → matrimonio; Congratulazioni al neodottore! → laurea.

12 E voi?
(PARLARE)

Procedimento: Formate dei gruppi, accertatevi che il compito e le espressioni elencate siano chiari e procedete come indicato nell'introduzione a pagina 14 *(Produzione orale)*.

13 Auguri!
(SCRIVERE)

Obiettivo: scrivere una cartolina (elettronica) di auguri o felicitazioni.

Procedimento: Lo svolgimento di quest'attività dipende dal grado di familiarità raggiunto dalla classe: cercate di capire quanto sanno gli uni degli altri, se ci siano persone restie a rivelare cose personali ecc. Se però è noto che una certa persona compie gli anni prossimamente o che si è appena sposata / laureata / diplomata o che ha recentemente avuto un figlio (o magari un nipote), i compagni potrebbero scrivere un biglietto appunto per questa persona: l'ideale sarebbe, se riusciste a organizzare la cosa come una piccola sorpresa. Se invece preferite evitare di pubblicizzare informazioni personali, potreste preparare dei fogliettini con i giorni del mese in cui si svolge la lezione (per esempio 3 marzo, 4 marzo ecc.) e uno degli avvenimenti importanti elencati sopra: compleanno, matrimonio, laurea, nascita. Li distribuite poi casualmente agli studenti, ognuno ci scriverà sopra il proprio nome e vi restituirà il foglietto. Voi ridistribuirete i foglietti facendo attenzione che nessuno riceva il proprio né quello di un compagno con cui non va d'accordo: ognuno scriverà gli auguri alla persona di cui ha ricevuto la data 'italiana'. Potete lasciare la realizzazione dei biglietti alla fantasia degli studenti (che potranno prepararli a mano o al PC) oppure preparare voi stessi dei biglietti da distribuire agli studenti che li riempiranno con un testo (vedi scheda disponibile nel sito Internet). Potete assegnare questo esercizio come compito per casa – con la raccomandazione di portare il biglietto realizzato (a mano o al PC) alla lezione successiva per recapitarlo al destinatario – oppure far svolgere l'attività in classe: in tal caso gli auguri verranno recapitati subito.

Culture a confronto

Obiettivo: riflettere sui diversi usi e costumi per sapere come comportarsi.

Regali per ogni occasione: Invitate gli studenti ad abbinare regali e occasioni basandosi sull'esperienza o facendo delle supposizioni. Formate poi delle coppie e fate confrontare. Verificate quindi in plenum.

Soluzione: festa della donna (8 marzo) → le mimose; compleanno → un libro; Befana (6 gennaio) → la calza; invito a cena → una bottiglia di vino; San Valentino → un mazzo di rose rosse; nascita → una tutina

Piccolo galateo dei regali: Formate dei gruppi e dite di guardare i disegni e rispondere alle domande. Concludete facendovi dire che cosa è venuto fuori dal lavoro di gruppo.

Scheda informativa

Sui regali aleggiano alcune superstizioni. Regalare un portafoglio vuoto porta sfortuna. In genere si mette nel portafoglio simbolicamente una moneta.
Non si regalano oggetti appuntiti (una spilla, un coltello o altro) perché con essi si può ferire il donatore e quindi si rischia di troncare il rapporto di amicizia. Non si regalano fazzoletti perché, si dice, portano lacrime e quindi disgrazia. In questi casi si dovrebbe dare, in cambio, una monetina, in modo da "comprare" l'oggetto donato.
Inoltre, in Italia non si regalano crisantemi perché sono i fiori che si portano al cimitero ai defunti.

Portfolio

Autovalutazione – Obiettivo: fare un bilancio della sesta lezione.

Procedimento: Procedete come indicato a p. 25 dell'introduzione *(Portfolio)*.

Strategie – Obiettivo: riflettere su come si studia la grammatica.

Procedimento: Fate presente che in questa lezione si è lavorato molto sulla grammatica e ricordate agli studenti le brevi riflessioni già fatte su questo tema (vedi *Tipp* a p. 67). Invitateli quindi a riflettere sul proprio modo di affrontare quest'aspetto dello studio dell'italiano seguendo la traccia fornita dalle rubriche *Die (italienische) Grammatik und ich* e *Wie lerne ich Grammatik am besten?* Sottolineate che è importante mettere le crocette in base a ciò che si fa realmente, non in base a quello che si pensa di dover fare, e che se si vuole si può aggiungere ancora qualcosa. Lasciate agli studenti il tempo di riflettere con calma. Formate poi dei gruppi, dite agli studenti di confrontare le esperienze, di raccontarsi come studiano normalmente la grammatica, discutendo, in particolare, sui vantaggi e sugli svantaggi dei metodi finora sperimentati. Per concludere riportate la discussione in plenum per raccogliere le idee e dare ulteriori consigli, per esempio quello di rielaborare i file word contenuti nel CD-ROM di ***Chiaro!*** per costruirsi una grammatica personalizzata.

Che hobby hai?

Tema: sport e altri hobby; la cucina come hobby: fare la spesa.

Obiettivi comunicativi: parlare dello sport e di altre attività del tempo libero; dire cosa si sa o non si sa fare; indicare con che frequenza si fa qualcosa; fare la spesa (in un negozio o al mercato).

Grammatica e lessico: i verbi *potere* e *sapere*; la concordanza sostantivo / aggettivo al plurale; l'articolo partitivo *(dei, delle, degli ...)*; i pronomi diretti; la particella *ne*; l'interrogativo *Quanto?*; attività sportive e del tempo libero; i verbi *giocare* e *suonare*; alcune locuzioni di tempo *(una volta al mese ...)*; gli alimenti; i colori; le quantità.

N. B. A partire da questa unità le consegne sono formulate quasi completamente in italiano. Benché si ripetano spesso espressioni già lette più volte in precedenza, sarà il caso di accertarsi con particolare cura che i discenti abbiamo compreso bene i compiti. Si consiglia però di non tradurli, bensì di farli leggere e chiedere se tutto è chiaro.

1 Per iniziare

Obiettivo: introdurre il tema hobby (qui: alcuni sport).

Procedimento: In plenum, dite agli studenti di guardare innanzi tutto il dépliant turistico e chiedete loro se sanno dov'è Cervinia: se nessuno lo sa, ditelo voi (in Valle d'Aosta, ai piedi del Cervino) e mostratelo sulla carta all'interno della copertina in modo che gli studenti notino la vicinanza della Svizzera e della Francia e capiscano come mai le località abbiano anche un nome francese. Invitateli poi ad abbinare, per quanto possibile, gli sport che si vedono nelle piccole foto ovali alle definizioni riportate nel dépliant, che potrete magari ingrandire e riprodurre su lucido (da sinistra a destra: rafting, equitazione, golf, sci estivo, mountain bike, parapendio); infine chiedete quale sport pratica la donna nella foto grande (trekking). Domandate quindi «E voi? Avete provato una di queste attività?». Fate un esempio personale, tipo: «Anch'io ho fatto trekking. E fra queste attività mi interessa l'equitazione», formate poi dei gruppi e invitate gli studenti a parlare delle loro esperienze seguendo la traccia proposta dal libro. Non soffermatevi a spiegare l'uso di *mai* con il passato prossimo: questa struttura compare qui solo perché funzionale alla domanda, verrà però analizzata nell'unità 10 (punto 13, p. 115); se qualcuno dovesse fare domande, limitatevi a tradurre nella lingua madre dei discenti (ted. *Haben Sie jemals...*) spiegando che questo tema verrà trattato esaurientemente più avanti e che non è necessario usarlo in quest'attività.

Scheda informativa

Breuil-Cervinia è una famosissima località sciistica. Appartiene al comune di Valtournenche, provincia di Aosta. Sorge a più di 2000 metri di altezza ai piedi del monte Cervino.

2 Che hobby hai?

(LAVORARE CON IL LESSICO)

Obiettivi: ampliare il lessico relativo alle attività del tempo libero e richiamare alla mente i termini già introdotti nelle lezioni 4 e 6.

Procedimento: **a.** Fate svolgere il compito individualmente e poi controllate in plenum evidenziando la differenza fra *giocare* e *suonare*, che in alcune lingue corrispondono a un unico verbo (p. es. ted. *spielen*, ingl. *play*).

b. Fate svolgere questo compito dapprima individualmente (divisione in categorie), sottolineando che alcune attività possono essere inserite in più categorie, e poi in coppia (confronto e aggiunta di altre attività), precisando che se non si ricordano le lezioni 4 e 6 possono naturalmente sfogliare il libro. Prima di lasciar lavorare gli studenti, accertatevi che le definizioni relative alle quattro categorie siano chiare.

Soluzione:
a. giocare a calcio → 4; nuotare → 9; andare in palestra → 6; correre → 1; cucinare → 2; dipingere → 11; giocare a carte → 8; andare in bicicletta → 7; suonare la chitarra → 10; navigare su Internet → 12; lavorare in giardino → 5; fare yoga → 3
Soluzione possibile:
b. **attività all'aperto:** sci estivo; golf 18 buche; mountain bike; trekking; alpinismo; equitazione; parapendio; rafting; pesca sportiva; tennis; giocare a calcio; nuotare; correre; dipingere; andare in bicicletta; lavorare in giardino
attività al chiuso: tennis; nuotare; andare in palestra; cucinare; dipingere; giocare a carte; fare yoga
attività individuali: sci estivo; mountain bike; trekking; alpinismo; equitazione; parapendio; rafting; nuotare; andare in palestra; correre; cucinare; dipingere; andare in bicicletta; suonare la chitarra; navigare su Internet; fare yoga
attività di gruppo: golf 18 buche; parapendio; rafting; pesca sportiva; tennis; giocare a calcio; andare in palestra; correre; cucinare; giocare a carte; andare in bicicletta

3 Che cosa fai nel tempo libero?

(PARLARE)

Obiettivo: parlare dei propri hobby.

Procedimento: Formate dei gruppi diversi da quelli del punto 1. Seguite poi le indicazioni del manuale e procedete come illustrato nell'introduzione a p. 14 *(Produzione orale)*.

4 E loro che cosa fanno?

(ASCOLTARE)

Obiettivo: sviluppare la comprensione auditiva.

Procedimento: **a.** Formate delle coppie, leggete la domanda contenuta nella consegna e invitate gli studenti a fare delle ipotesi guardando le foto e aiutandosi con le espressioni del punto **2**. Date loro qualche minuto di tempo, poi invitateli a verificare le ipotesi ascoltando che cosa dicono le persone stesse. Procedete quindi come indicato a p. 9 dell'introduzione *(Fase 1 – Comprensione globale)*. A conclusione di questa prima fase, potete chiedere agli studenti in quale situazione parlano le quattro persone (non in privato, bensì intervenendo a una trasmissione radiofonica).

b. Fate leggere la consegna, accertatevi che il compito sia chiaro e poi procedete come indicato nell'introduzione a p. 10 *(Fase 2 – Comprensione più dettagliata)*.

Soluzioni:

a. **Fausto** fa delle passeggiate e cucina. **Marina** fa un corso di ballo ed equitazione. **Cecilia** va in piscina e suona il piano. **Silvano** corre.

b. Cecilia va in piscina perché nuotare è rilassante. Fausto fa la spesa con cura perché è perfezionista. Fausto fa solo delle passeggiate con i cani perché non è un tipo sportivo. Marina va a ballare perché così può stare in compagnia. Silvano ama la corsa perché è rilassante.

Trascrizione:

▶ Voi che sport fate? Praticate lo yoga? Il Pilates? O preferite le attività all'aria aperta come la corsa o la bici? E se non fate sport, cosa fate nel tempo libero? Come vi rilassate? Telefonate e raccontate la vostra esperienza!

■ Ciao a tutti, sono Marina.
▶ Ciao Marina. Tu che cosa fai? Pratichi uno sport?
■ Sì, ho iniziato da poco un corso di ballo latino – americano: lo faccio una volta alla settimana e mi piace molto perché fa bene al fisico, è divertente e posso stare in compagnia. E poi faccio un po' di equitazione, cioè faccio lunghe passeggiate a cavallo, non faccio gare.
▶ Hai un cavallo?
■ No, io no. È una mia amica che ha dei cavalli, io vado a trovarla due volte al mese e cavalco lì da lei.
▶ Ah, bello! Grazie per la telefonata, Marina.
■ Prego, ciao.

▶ E adesso chi abbiamo al telefono?
● Mi chiamo Silvano, buongiorno.
▶ Buongiorno, Silvano. Fa anche Lei un po' di sport?
● Sì, la corsa. La adoro, corro 3-4 volte alla settimana anche per 10 chilometri. Per me questo sport è un grande antistress. Quando corro sento che i problemi se ne vanno. Siamo soli io, la strada e la musica.
▶ Bene. Grazie per la telefonata.
● Prego.

▶ Pronto?
◆ Pronto, sono Cecilia. Buongiorno.
▶ Buongiorno, Cecilia. E lei come si rilassa?
◆ Eh, è un bel problema perché ho un bambino piccolo e quindi ho poco tempo per rilassarmi. Ma quando posso vado in piscina: nuotare è molto rilassante. Altrimenti nel tempo libero suono il piano, per esempio.
▶ Ah, e – scusi l'indiscrezione – sa suonare bene?
◆ Oddio, non sono tanto brava, so suonare così così; ma suono in maniera decente, insomma... il bambino non piange, il cane non abbaia...
▶ Ah, beh, è già qualcosa...
◆ Sì, infatti. Mi accontento.
▶ Bene. Allora, grazie.
◆ Prego, arrivederci.

▶ E ora chi c'è in linea?
▣ Ciao, sono Fausto.
▶ Ciao, Fausto. E tu che cosa fai di bello? Sei un tipo sportivo?
▣ Io? No, assolutamente no. Faccio solo delle belle passeggiate. Ogni mattina una lunga passeggiata con i miei cani. E basta. Invece ho un hobby molto tranquillo: cucino, mi piace la cucina. So cucinare bene e adoro farlo con gli amici, delle volte anche soltanto per me. Quindi spesso vado in giro per negozi, faccio la spesa, compro le cose con cura.
▶ Sei un perfezionista...
▣ Mah, in cucina diciamo di sì. Quindi faccio la spesa con calma, scelgo con cura gli ingredienti...
▶ Buon appetito, allora, Fausto.
▣ Grazie.

5 Sapere o potere?
(LAVORARE CON IL LESSICO)

Obiettivo: tematizzare la differenza di significato dei verbi *sapere* e *potere* a completamento di quanto detto nella lezione 5 (punto 7: p. 73 di questa Guida).

Procedimento: Fate leggere le due frasi, tratte dalle interviste radiofoniche e chiedete agli studenti come tradurrebbero nella loro lingua i verbi evidenziati in grassetto (la risposta dei germanofoni conterrà in tutti i casi il verbo *können*). Chiedete poi se capiscono come mai in italiano ci sono due verbi diversi. Guidateli quindi alla comprensione delle differenze di significato facendo riferimento anche allo specchietto *Lingua*. Invitateli infine a rispondere alla domanda *E voi?* facendo attenzione all'uso dei verbi. Potete concludere questa mini-produzione scritta con un confronto a coppie: ognuno domanda a un compagno *Tu che cosa sai fare? / Lei che cosa sa fare?* ecc. e risponde a sua volta con l'aiuto delle frasi appena formulate.

6 Che cosa sai fare?

(GIOCO)

Obiettivo: fissare in modo ludico la differenza fra *sapere* e *potere*.

Procedimento: Formate due squadre, fate leggere le regole del gioco, accertatevi che siano chiare e stabilite la durata del gioco (un certo tempo oppure fino a quando una squadra ha raggiunto un certo punteggio). Prima di dare il via al gioco vero e proprio, sarà bene fare una prova. Il vostro ruolo sarà quello dell'arbitro. Concluso il gioco, potrete ricapitolare vari significati di *potere* e *sapere* finora incontrati portando esempi tratti dalle unità 5 e 7 (*potere:* chiedere / dare un permesso, avere la possibilità; *sapere:* essere a conoscenza, essere in grado).

7 Quante volte?

(LAVORARE CON IL LESSICO, SCRIVERE, PARLARE)

Obiettivo: focalizzare l'attenzione su alcuni indicatori temporali.

Procedimento: **a.** Seguite le indicazioni del manuale e procedete come indicato nell'introduzione a p. 10 *(Fase 2 – Comprensione più dettagliata).*

b. Fate svolgere il compito in coppia e poi verificate in plenum.

c. Quest'attività si articola in due fasi: dapprima ognuno scrive tre frasi che riguardano il proprio tempo libero (quali attività svolge, con che frequenza e perché). Per questa fase, stabilite il tempo a disposizione e tenetevi pronti a soddisfare eventuali richieste d'aiuto. Scaduto il tempo, invitate gli studenti a intervistare alcuni compagni (mettendo magari una musica di sottofondo e tenendo conto di quanto detto a p. 14 dell'introduzione, *Produzione orale*).
Se volete, potete poi ripassare le indicazioni di frequenza riprendendo anche quelle introdotte nella lezione 4, per esempio nel seguente modo: fotocopiate le fotografie di p. 45 e p. 76, ritagliatele e incollatele su cartoncini (oppure fotocopiatele direttamente su cartoncino). Preparate tanti set di cartoncini quanti sono necessari per far lavorare la classe in gruppi. Per avviare l'attività chiedete agli studenti, in plenum, quali altre espressioni – oltre a quelle del punto **7** – si possono usare per indicare la frequenza con cui si svolge o non si svolge una certa attività e cercate di far riaffiorare *sempre, di solito, spesso, qualche volta* e *non...mai*. Formate poi dei gruppi, ognuno dei quali riceverà un set di cartoncini e lo metterà sul banco in modo che le immagini non si vedano. A turno ogni studente del gruppo volterà un cartoncino e dovrà formare una frase contenente l'attività raffigurata e una delle indicazioni di frequenza appena elencate. Se la frase è corretta guadagna un punto, altrimenti no: saranno i compagni a giudicare la correttezza della frase e in caso di dubbio potranno rivolgersi all'arbitro, cioè a voi. Se volete, potete consegnare ai gruppi, oltre ai cartoncini, anche un dado: in tal caso le frasi andranno formulate coniugando il verbo alla persona indicata dal dado che il giocatore avrà tirato (1 = io, 2 = tu, 3 = lui/lei, e così via).

Soluzioni:
a. Marina va al corso di ballo una volta alla settimana e va a cavallo due volte al mese.
b. **una volta al / due volte al** giorno, mese; **ogni** sera, giorno, mese, settimana; **una volta alla / due volte alla** settimana

Trascrizione:
- ■ Ciao a tutti, sono Marina.
- ▶ Ciao Marina. Tu che cosa fai? Pratichi uno sport?
- ■ Sì, ho iniziato da poco un corso di ballo latino – americano: lo faccio una volta alla settimana e mi piace molto perché fa bene al fisico, è divertente e posso stare in compagnia. E poi faccio un po' di equitazione; cioè faccio lunghe passeggiate a cavallo, non faccio gare.
- ▶ Hai un cavallo?
- ■ No, io no. È una mia amica che ha dei cavalli, io vado a trovarla due volte al mese e cavalco lì da lei.
- ▶ Ah, bello! Grazie per la telefonata, Marina.
- ■ Prego, ciao.

8 Gli italiani e il tempo libero
(LEGGERE)

Obiettivi: **a.** sviluppare la comprensione della lingua scritta; **b.** parlare degli hobby diffusi nei diversi Paesi.

Procedimento: **a.** Fate leggere il compito, accertatevi che sia chiaro e procedete come indicato nell'introduzione a p. 12 *(Gli input scritti – Procedimento)*.

b. Formate dei gruppi, fate leggere il compito, accertatevi che sia chiaro e procedete come indicato nell'introduzione a p. 15 *(Compiti di gruppo)*. In ambito germanofono è probabile che parlando di giardinaggio il discorso cada sui cosiddetti Schrebergarten, giardini comunitari che in Italia non esistono.

Soluzione:
hobby: giardinaggio
motivi: misura antistress, passione, risparmio, legame più diretto con la natura, volontà di garantire la qualità e la sicurezza del cibo
persone che lo praticano: quattro italiani su dieci (37 %), maschi e femmine, giovani tra i 25 e i 34 anni, over 65
regioni dove è diffuso: Veneto, Valle d'Aosta, Friuli Venezia Giulia, meno nel Mezzogiorno
chi lo può praticare: chi ha un giardino, anche chi ha un semplice terrazzo

9 Al mercato
(LAVORARE CON IL LESSICO)

Obiettivi: **a.** ampliare il lessico relativo agli alimenti (qui soprattutto frutta e verdura) riprendendo quello già introdotto nella lezione 3;
b. introdurre gli aggettivi di colore.

Procedimento: **a.** Invitate gli studenti a guardare le foto e a trovare nella lista i nomi italiani degli alimenti raffigurati. Lasciate qualche minuto per svolgere questo compito (individualmente o in coppia) e poi verificate in plenum. Chiedete poi se qualcuno sa come si chiamano in italiano gli alimenti il cui nome non ha trovato spazio nella lista (alcuni, come *carote* e *zucchine*, sono stati tralasciati appunto perché molto simili in altre lingue) e accertatevi che siano chiari anche gli altri vocaboli (alcuni dei quali sono già comparsi nella lezione 3). Per favorire la memorizzazione dei vocaboli potete poi invitare gli studenti a osservare per 1 minuto le foto cercando di imprimersi nella mente tutto quello che vedono. Fate poi chiudere il libro: ognuno scriverà su un foglietto i nomi italiani dei prodotti che ricorda. Alla fine, formate delle coppie e fate confrontare le liste: vince chi ha la lista più lunga di nomi corrispondenti alla foto.

b. Fate svolgere questo compito dapprima individualmente e poi in coppia (potete distribuire le schede che trovate nel sito Internet). Alla fine dell'attività, fate presente che i colori sono particolarmente utili per memorizzare i vocaboli che riguardano gli alimenti, come evidenzia il *Tipp* sotto la tabella.

Soluzioni possibili:
a. arance, insalata, aglio, limoni, fragole, angurie, pere, mele, peperoni, fichi, pesche, melanzane
b. **bianco:** aglio, uova, pane, burro, formaggio, zucchero, sale; **nero:** pepe; **rosso:** radicchio, pomodori, arance, cipolla, fragole, ciliegie, angurie, mele, peperoni, carne, prosciutto; **giallo:** limoni, peperoni, olio, miele; **arancione:** arance, carote; **verde:** pomodori, insalata, pere, mele, peperoni, olio; **blu:** mirtilli, fichi

10 Il mondo dei colori
(GIOCO)

Obiettivo: ripassare il lessico in forma ludica e personalizzata.

Procedimento: Dite che i colori si possono utilizzare per fissare nella memoria non solo gli alimenti, ma anche vocaboli di altro tipo. Formate poi delle coppie, fate leggere il compito, precisate che la lista potrà contenere 'cose' di qualsiasi tipo purché citate in italiano e stabilite il tempo a disposizione. Scaduto il tempo, verificate quale coppia ha la lista più lunga (sommando i vocaboli relativi a tutti i colori). Se notate che gli studenti si divertono e che stanno venendo fuori molti vocaboli, potete anche formare ulteriori gruppetti in base al colore preferito e assegnare il compito di allungare il più possibile la lista di quel colore (entro un tempo prestabilito).

11 Fausto fa la spesa
(ASCOLTARE)

Obiettivo: sviluppare la comprensione auditiva.

Procedimento: **a.** A libro chiuso, dite agli studenti che ascolteranno due dialoghi e chiedete loro di provare a capire dove si svolgono. Prima di dare il via all'ascolto, fate (a voce, sempre a libro chiuso) la raccomandazione contenuta nel *Tipp* di p. 80. Dopo un primo confronto a coppie, fate aprire il libro e leggere il compito **a**. Procedete quindi come illustrato a p. 9 dell'introduzione *(Fase 1 – Comprensione globale)*.

b. Procedete come illustrato a p. 10 dell'introduzione *(Fase 2 – Comprensione più dettagliata)*.

Soluzioni:
a. al supermercato, al mercato; **b.** un chilo e mezzo di pomodori, un chilo di peperoni, due etti di mirtilli, due etti di pecorino, mezzo chilo di cipolle, un panino con la mortadella

Trascrizione:

1

▷ Buongiorno. Desidera?
■ Un chilo e mezzo di pomodori e mezzo chilo di cipolle, per favore.
▷ Sì. ... Ecco, ancora qualcos'altro?
■ Sì. Vorrei dei peperoni.
▷ Sì, li vuole gialli, verdi o rossi?
■ Misti, per favore.
▷ Bene. E quanti ne vuole?
■ Mah, un chilo, diciamo.
▷ Ancora qualcos'altro?
■ Sì, della frutta. Non so che cosa prendere...
▷ Senta, ho delle mele molto buone ... oppure i fichi, molto saporiti.
■ Per caso avete anche dei mirtilli freschi?
▷ Sì, guardi. Questi sono di oggi.
■ E quanto vengono?
▷ 4 euro all'etto.
■ Mah, va bene. Allora ne prendo due etti.
▷ Ecco fatto. È tutto?
■ Sì, grazie. Quant'è?
▷ Dunque, sono... 18 euro.

2

◆ Ventisette! Tocca al 27. Chi è?
■ Io sono il 28.
◆ Ah, beh... se il 27 non c'è... Prego, mi dica.

- ▣ Senta, voi fate anche dei panini?
- ◆ Sì, li facciamo. Quanti ne vuole?
- ▣ Uno solo.
- ◆ Bene. E come lo vuole? Con il formaggio, il prosciutto, la mortadella, la pancetta...
- ▣ Mmm... pancetta o mortadella? Mi piacciono tutte e due...
- ◆ Beh, e perché non le prende tutte e due? Posso fare due panini...
- ▣ No, no, ne prendo uno solo. Con la mortadella ... perché non la mangio quasi mai...
- ◆ Bene. .... Ecco il panino. Altro?
- ▣ Due etti di pecorino, per favore.
- ◆ Lo preferisce fresco o stagionato?
- ▣ Stagionato.
- ◆ Benissimo. .... Ecco a Lei.
- ▣ Grazie. Arrivederci.
- ◆ Arrivederci.

12 Desidera?

(SCOPRIRE LA GRAMMATICA)

Obiettivi: **a.** e **b.** evidenziare le funzioni comunicative tipiche degli acquisti (al mercato); **c.** focalizzare l'attenzione sul partitivo e sull'avverbio pronominale *ne*.

Procedimento: **a.** Svolgete quest'attività in tre fasi (esecuzione individuale, confronto in coppia, verifica in plenum).

b. Invitate gli studenti a rispondere individualmente alle due domande, poi verificate in plenum. Chiarita la soluzione, fate notare che il verbo usato per chiedere il prezzo di un prodotto *(venire)* è irregolare e che con il significato di 'costare' si usa solo alla terza persona (singolare e plurale): le forme utili a questa funzione comunicativa sono quelle riportate nello specchietto *Grammatica* (l'intera coniugazione si trova nella tabella in fondo al libro).

c. Dite agli studenti di completare le frasi, leggerle con attenzione, completare la regola nel riquadro verde e confrontare la soluzione con un compagno. Verificate poi in plenum.

d. Seguite le indicazioni del manuale. Dopo che gli studenti vi avranno fornito la risposta, chiedete a che cosa serve *ne*, secondo loro: guidateli quindi a capire che, quando si parla di quantità, *ne* serve ad evitare di ripetere continuamente il prodotto in questione (in questo caso i mirtilli). Aggiungete che l'italiano è molto preciso: *ne* si usa anche in molti casi in cui in tedesco *davon* si sottintende soltanto senza dirlo. *Ne* compare qui sia nella risposta *Ne prendo due etti*, sia nella domanda *Quanti ne vuole?*: è probabile che qualcuno chieda perché si dica *quanti*, al plurale e se nessuno lo chiede, chiedetelo voi esortando gli studenti a trovare la risposta magari con l'aiuto dello specchietto Grammatica in basso a destra (*quanto* va concordato con il sostantivo a cui si riferisce).

Soluzioni:
a. Qualcos'altro? – Sì, della frutta.; Mmm ... non so che cosa prendere ... – Senta ho delle mele molto buone ...; Ha anche dei mirtilli freschi? – Sì, questi sono di oggi.; Quanto vengono? – 4 euro all'etto.; Quanti ne vuole? – Ne prendo due etti.; Quant'è? – Dunque, sono ... 18 euro.
b. Quanto vengono?; Quant'è?
c. Vorrei un chilo *di* pomodori. / Mengenangabe + *di*; Ho *delle* mele molto buone. / *ai* + Artikel;
d. ne

Scheda informativa

Per quanto riguarda la vendita degli alimentari – e in particolare di frutta e verdura – gli usi e le abitudini sono piuttosto diversi nelle varie zone d'Italia: i mirtilli, per esempio, in alcune zone vengono venduti a peso (il fruttivendolo usa l'apposita palettina concava) e in altre in cestini già pronti.

13 Fate la spesa anche voi
(PARLARE)

Obiettivo: esercitare la funzione comunicativa 'fare la spesa'.

Procedimento: Quest'attività si svolge in due fasi: dapprima ognuno scrive la propria lista della spesa (converrà stabilire il tempo a disposizione). Poi si formano delle coppie: uno recita la parte del cliente e l'altro quella del negoziante, quindi si scambiano i ruoli e si recita di nuovo.

14 Un dialogo ... bucato
(SCOPRIRE LA GRAMMATICA)

Obiettivo: tematizzare i pronomi diretti *lo, la, li, le.*

Procedimento: **a.** Fate ascoltare un paio di volte il dialogo affinché gli studenti possano completarlo. Dopo ogni ascolto fate confrontare con un compagno diverso. Alla fine verificate in plenum. **b.** - **d.** Seguite le indicazioni del manuale procedendo come illustrato nell'introduzione a p. 15 *(La grammatica).*

Soluzioni:

a. li; lo; le; la; Lo

b. li → dei panini; lo → uno; le → tutte e due; la → mortadella; Lo → pecorino

c.

	singolare	plurale
maschile	lo	li
femminile	la	le

d. Diese Objektpronomen stehen vor dem Verb. Die Verneinung *non* steht vor dem Objektpronomen.

15 Io lo faccio, e tu?
(GIOCO)

Obiettivo: esercitare in forma ludica l'uso dei pronomi *lo, la, li, le.*

Procedimento: Dividete la classe in due squadre, fate leggere le regole del gioco (compreso l'esempio) e accertatevi che siano chiare. A voi spetterà di nuovo il ruolo dell'arbitro.

16 Una cena insieme
(PARLARE)

Obiettivo: ripassare funzioni comunicative, grammatica e lessico (in particolare la seconda parte della lezione).

Procedimento: Dividete la classe in gruppi, fate leggere il compito e accertatevi che sia chiaro e poi procedete come indicato nell'introduzione a p. 15 *(Compiti di gruppo).* Se volete, potete concludere esortando ogni studente ad invitare alla cena una persona di un altro gruppo (alla quale naturalmente spiegherà dove si cena, cosa si mangia ecc.).

Culture a confronto

La Notte Bianca

Obiettivo: discutere su feste cittadine.

Procedimento: **a.** A libro chiuso, scrivete alla lavagna *la Notte Bianca* e chiedete agli studenti che cos'è, secondo loro. Formate delle coppie o dei gruppi e invitateli a fare delle supposizioni.

b. Proiettate un lucido sul quale avrete riprodotto la foto di p. 82 oppure fate aprire il libro e dite agli studenti di coprire il testo con dei fogli e concentrarsi sulla foto. Chiedete loro che cosa vedono, se facendo le supposizioni hanno immaginato anche una scena del genere e se riescono a riconoscere la città. Invitateli poi a verificare le loro ipotesi leggendo il testo. Procedete come indicato nell'introduzione a p. 12 *(Gli input scritti – Procedimento).*

c. Formate dei gruppi e invitate gli studenti a scambiarsi informazioni ed esperienze sulla base della traccia proposta dal libro (possibilmente in italiano, così magari avranno anche l'occasione di usare il passato prossimo). Concludete facendovi dire che cosa è venuto fuori dal lavoro di gruppo.

Portfolio

Autovalutazione – Obiettivo: fare un bilancio della settima lezione.

Procedimento: Procedete come indicato a p. 25 dell'introduzione *(Portfolio)*.

Strategie – Obiettivo: riflettere sulle strategie di ascolto.

Procedimento: Informate gli studenti che la riflessione sull'ascolto è stata inserita a questo punto del libro affinché loro possano far tesoro dell'esperienza accumulata attraverso le lezioni precedenti.

a. Invitate gli studenti a immaginare di trovarsi nella situazione descritta: come si comportano? Fate svolgere quest'attività individualmente.

b. Formate dei gruppi e dite agli studenti di confrontare le loro soluzioni discutendo sui vantaggi e sugli svantaggi delle varie strategie per individuare quelle che promettono il maggior successo. Per concludere riportate la discussione in plenum per raccogliere le idee e dare ulteriori consigli.

c. Fate svolgere quest'attività individualmente, sottolineando che uno dei segreti del successo nello studio di una lingua è quello di porsi degli obiettivi concreti, realistici e personalizzati.

Soluzione possibile:

b. La terza, la quarta e la quinta alternativa del punto **a** rappresentano sicuramente le strategie più consigliabili dato che presuppongono atteggiamenti più cooperativi e utili alla comprensione / all'interazione reciproca. L'ultima alternativa è invece una strategia possibile ma, da un punto di vista linguistico, meno valida.

Ancora più chiaro 2

Obiettivo: Ripassare funzioni comunicative, lessico e grammatica delle lezioni 5 - 7.

Procedimento: Seguite il procedimento illustrato nell'introduzione a p. 26 *(Ancora più chiaro)* integrandolo con le indicazioni specifiche del manuale.

Test Unità 5-7
A pagina 167 si trova un test a scelta multipla concepito come compito individuale da svolgersi a casa. Le soluzioni si trovano a pagina 9 del fascicolo *Lösungen*.

Ci vediamo?

Tema: la città: descrivere la propria città – in visita in una città sconosciuta.

Obiettivi comunicativi: descrivere una città o un quartiere; dire dove si trova qualcuno o qualcosa; scrivere un'e-mail a un amico per invitarlo, parlare di mezzi di trasporto urbani; comprendere informazioni scritte su una città.

Grammatica e lessico: i verbi *essere* ed *esserci*; l'uso di *c'è* e *ci sono*; i verbi *venire* e *volere*; le preposizioni articolate *in* e *su*; campo semantico 'città'; alcune indicazioni di luogo; mezzi di trasporto urbani.

8

1 Per iniziare

Obiettivo: introdurre il tema 'città' e alcune parole chiave; prepararsi alla lettura.

Procedimento: Chiedete agli studenti se qualcuno di loro è stato in Emilia Romagna o almeno sa in quale parte d'Italia si trova e/o conosce il nome di qualche città. Fate poi localizzare questa regione sulla carta d'Italia all'interno della copertina e chiedete se per caso qualcuno associa qualcosa a Ferrara: se sì, chiedete che cosa; se no, dite semplicemente che nella lezione 8 si avrà modo di conoscere questa città. Fate quindi aprire il libro a pagina 89 e dite agli studenti di guardare la piantina: si tratta appunto di Ferrara. Passate quindi all'attività 1: prima da soli e poi in coppia, gli studenti individueranno sulla pianta i vari luoghi e scriveranno il numero corrispondente nelle apposite caselle. Le parole non dovrebbero creare difficoltà perché la maggior parte di esse ha forma molto simile anche in lingue diverse dall'italiano: un po' meno trasparente è *municipio*, ma gli studenti ci potranno arrivare per esclusione.

Soluzione:
l'ufficio postale → 4; il municipio → 6;
il parco → 5; la stazione → 1; lo stadio → 3;
la cattedrale → 7; il parcheggio → 2

Scheda informativa

Ferrara è una città di origine medievale dell'Emilia Romagna (circa 130.000 abitanti). È situata in una zona pianeggiante e sorge sulle sponde del Po di Volano. È una città ricca di monumenti: per esempio, la cattedrale (iniziata nel 1135), il Palazzo dei Diamanti (secc. XV – XVI), il castello (secc. XIV – XVI), il Palazzo di Schifanoia (secc. XIV – XV); il Museo Archeologico Nazionale, la Pinacoteca Nazionale, il Museo del Risorgimento e della Resistenza. Il centro storico è completamente circondato dalle mura. A Ferrara ha sede un'università molto antica.

2 Ciao Marco!
(LEGGERE E PARLARE)

Obiettivo: sviluppare la comprensione della lingua scritta.

Procedimento: **a.** e **b.** Seguite le indicazioni del manuale e procedete come illustrato nell'introduzione a p. 12 *(Gli input scritti)*. Per quanto riguarda l'ultima domanda *(Secondo voi, Marco conosce Ferrara?)*, lasciate che gli studenti facciano le loro ipotesi e non fornite una risposta definitiva perché questo punto verrà ripreso nell'attività 10. Conclusa la lettura, invitate gli studenti a rileggere le ultime quattro righe (a partire da *Senti, ma...*) per trovare un'espressione che significa 'fare visita' / 'besuchen' (*vieni a trovarmi:* traducetelo nella lingua madre dei discenti, senza dilungarvi sull'uso del pronome con l'infinito), un verbo nuovo e irregolare (*vuoi:* spiegate solo che l'infinito è *volere*, l'intera coniugazione si trova a pag. 93, dove gli studenti potrebbero averne bisogno per la produzione) e un'espressione che serve per esortare, incoraggiare *(Dai!)*. Il testo contiene alcune altre parole nuove: se lo ritenete opportuno, potete dunque dire agli studenti di leggerlo ancora una volta e di scegliere due parole che li incuriosiscono particolarmente e che proprio non riescono a decodificare (una potrebbe essere *zanzare*). A turno, ognuno domanderà poi (rigorosamente in italiano) che cosa significano le parole scelte, ma prima di rispondere voi stessi, chiedete se per caso qualcuno in classe lo sa. Tenete comunque presente che gli aggettivi per descrivere la città, l'uso di *essere / esserci* e le indicazioni di luogo vengono trattati ed esercitati nei punti 3-8 per cui non è il caso di anticipare spiegazioni in merito.

Soluzioni:
a. Fabrizio invita Marco a Ferrara. **b.** Sì, a Fabrizio piace Ferrara.

3 La città
(LAVORARE CON IL LESSICO)

Obiettivo: introdurre espressioni che servono a descrivere una città o un quartiere.

Procedimento: **a.** Invitate gli studenti a scorrere nuovamente l'e-mail per trovare la zona in cui abita Fabrizio. Chiedete a quale foto va abbinata e fate poi abbinare le altre definizioni alle foto rimanenti. Poiché la risposta alla domanda *In che zona di Ferrara abita Fabrizio?* sarà «Abita nel centro storico», prima di proseguire sarà opportuno soffermarsi sulla preposizione articolata *nel*: esortate gli studenti a dire da che cosa deriva e ricostruite insieme a loro anche le altre forme (la tabella completa si trova a pagina 97), che potranno tornare utili per le successive produzioni.

b. Seguite le indicazioni del manuale. Fate svolgere quest'attività individualmente e poi fate confrontare i risultati in coppia *(Secondo te /Lei, com'è la zona residenziale? – Secondo me, è tranquilla...)*.

Soluzione:
a. Fabrizio abita nel centro storico. → foto in alto a destra; quartiere residenziale → foto in alto al centro; zona industriale → foto in basso a destra; periferia → foto in basso a sinistra

4 *C'è o è?*
(SCOPRIRE LA GRAMMATICA)

Obiettivo: chiarire la differenza tra *essere* ed *esserci*.

Procedimento: **a.** e **b.** Seguite le indicazioni del manuale e procedete come illustrato nell'introduzione a pag. 15 *(La grammatica)*.

Soluzioni:
a. *Essere* si usa per descrivere le caratteristiche di qualcosa / qualcuno e per indicare dove si trova una cosa / persona. *Esserci* si usa per indicare

l'esistenza o la presenza di una cosa / persona in un posto.
b. *c'è* + parole al singolare; *ci sono* + parole al plurale

5 Che cosa c'è in una città?
(LAVORARE CON IL LESSICO)

Obiettivo: fissare l'uso di *c'è / ci sono* e ampliare il lessico relativo alla città.

Procedimento: Fate leggere il compito e accertatevi che sia chiaro, in particolare per quanto riguarda le definizioni delle tre categorie, che potrete eventualmente chiarire con l'aiuto degli esempi già riportati. Fate poi svolgere il compito in coppia. Verificate quindi in plenum e se fosse necessario chiarire qualche vocabolo, cercate di non fornire subito la traduzione ma di unire le forze di tutta la classe per lavorare con la fantasia (*distributore*, per esempio, si può decodificare facendo leva su *benzina*). Eventualmente potete ricorrere ai disegni di pagina 92.
Infine chiedete agli studenti se sono riusciti ad aggiungere qualcosa e in quali categorie, trascrivendo i suggerimenti alla lavagna in modo che diventino patrimonio di tutti.

Soluzione possibile:
servizi di base: banca, farmacia, municipio, scuola, ufficio postale
infrastrutture: strada, piazza, parcheggio, negozio, edicola, distributore di benzina, stazione
servizi per attività culturali / vita sociale: chiesa, stadio, museo, teatro

6 Indovina dove abito!
(GIOCO)

Obiettivo: descrivere un luogo (città o quartiere).

Procedimento: Fate leggere il compito e accertatevi che sia chiaro invitando la classe a farvi delle domande per indovinare dove abitate voi. Formate poi delle coppie diverse da quelle del punto 5 e date il via all'attività.

7 Dov'è?
(LAVORARE CON IL LESSICO)

Obiettivo: introdurre alcune indicazioni di luogo.

Procedimento: **a.** e **b.** Fate svolgere il compito individualmente e poi fate confrontare in coppia. Per la verifica in plenum, fatevi indicare le soluzioni dagli studenti e segnatele sulla pagina, che avrete riprodotto su lucido. In seguito potrete realizzare un memory per fissare o ripetere queste espressioni usando la scheda che trovate nel sito Internet.

Soluzioni:
a. 1 → di fronte al cinema;
2 → lontano dalla fontana; 3 → alla fermata dell'autobus; 4 → vicino alla farmacia;
5 → accanto all'edicola; 6 → fra il bar e la banca;
7 → all'angolo; 8 → davanti al distributore;
9 → dietro il lampione
b. La fermata dell'autobus è dietro il parco / accanto al parcheggio. L'edicola è davanti al cinema / vicino al parco. La scuola è di fronte al bar. Il ristorante è accanto alla scuola.

8 Indovina dove sono!
(GIOCO)

Obiettivo: esercitarsi ad indicare una posizione.

Procedimento: Formate delle coppie e dite che lavoreranno con la piantina di pagina 92. Fate leggere le regole del gioco, per accertarvi che siano chiare potete fare anche in questo caso una prova esortando gli studenti a indovinare dove 'siete' voi (spegnete il proiettore, segnate il posto e quando qualcuno ha indovinato riaccendete per far verificare la correttezza della soluzione).

9 Vieni a trovarmi?
(SCRIVERE)

Obiettivi: **a.** prepararsi alla scrittura; **b.** descrivere il luogo in cui si abita.

Procedimento: **a.** Invitate gli studenti a chiudere gli occhi e a 'trasferirsi' a casa loro: che cosa c'è nelle vicinanze (accanto, di fronte, all'angolo...)? Dite poi di fare una lista usando *c'è e ci sono*. Stabilite il tempo a disposizione.

b. Fate leggere il compito e accertatevi che sia chiaro. Procedete poi come indicato nell'introduzione a pag. 14 *(Produzione scritta)*.

10 Quando vieni?
(ASCOLTARE)

Obiettivo: sviluppare la comprensione auditiva.

Procedimento: **a.** Seguite le indicazioni del manuale e procedete come illustrato a p. 9 dell'introduzione *(Fase 1 – Comprensione globale)*.
b. - **c.** Seguite le indicazioni del manuale e procedete come indicato a p. 10 dell'introduzione *(Fase 2 – Comprensione più dettagliata)*.

Soluzioni:
a. Marco non conosce Ferrara.
b. il Castello Estense; la cattedrale; le piazze; il museo del Risorgimento e della Resistenza; il Palazzo dei Diamanti
c. girare Ferrara e dintorni in bicicletta

Trascrizione:
(Track 30)
■ Ehi, ciao Marco!
▶ Uelah, ciao, Fabrizio! Come stai?
■ Bene, grazie. E tu?
▶ Bene, bene. Qui c'è un bel sole. Senti, ti volevo chiedere se è ancora valido quell'invito a Ferrara che mi avevi fatto?
■ E certo che è valido! Allora, vieni!
▶ E beh, sì. Sai, visto che viene anche Roberto. Per me il prossimo fine settimana va bene.
■ Perfetto, per me va benissimo. E quando esattamente: da venerdì a domenica?
▶ E sì, infatti, volevo dirti che posso prendermi il venerdì libero. Però non so se per te va bene, se tu lavori...
■ Mah, beh, per me è un po' difficile, sai, ho appena iniziato un nuovo lavoro. Però...
▶ Guarda, capisco, non voglio metterti in difficoltà. Ma tu lavori tutto il giorno venerdì?
■ No, il venerdì lavoro solamente fino all'una.
▶ Ah, beh allora benissimo. Perché il treno che io voglio prendere arriva proprio intorno all'una lì a Ferrara. Quindi non c'è problema, no?
■ Ah, perfetto! Va benissimo allora. ... Allora mandami un'e-mail, un SMS con l'orario preciso, così ti vengo a prendere alla stazione.
▶ Senti, ma Roberto a che ora arriva?
■ Ma... anche lui più o meno a quella... alla stessa ora.
▶ E la stazione è molto lontana dal centro?
■ No, assolutamente, perché Ferrara è una città piccola, tutto è abbastanza vicino.
▶ Poi, mi devi dire ovviamente cosa c'è da vedere o da fare a Ferrara?
■ Ma perché tu non la conosci per niente Ferrara?
▶ E no, guarda, non ci sono mai stato. Questa è la prima volta.
■ Beh, allora, se proprio non la conosci, devi vedere prima di tutto la zona intorno a casa mia perché ci sono diversi posti estremamente belli e interessanti: il Castello Estense, con le prigioni, per esempio; e poi la cattedrale, tutte le piazze intorno alla cattedrale... E poi ci sono palazzi antichi molto belli, musei estremamente interessanti, ...non so, il museo del Risorgimento e della Resistenza, il Palazzo dei Diamanti.
▶ Mah, mi sembra molto interessante.

(Track 31)
■ ... E naturalmente, oltre a visitare il centro, dobbiamo fare anche un giro delle mura, a piedi o in bici.
▶ E mamma mia, queste mura quanto sono lunghe?

■ Nove chilometri, perché?
▶ Nove chilometri?! Non mi sembra una domanda strana. Già mi proponi il giro della città, poi dobbiamo fare anche nove chilometri… Tu lo sai, Fabrizio, io non amo molto camminare, anche andare in bicicletta. Ma non c'è un altro modo un po' più comodo per vedere tutte queste cose?
■ No. Non c'è. Ma è molto bello, sai? Io adesso sono proprio qui, sulle mura, e sono venuto in bicicletta! Poi, se avete voglia, volevo proporvi anche una bella gita nei dintorni, perché sono bellissimi i dintorni di Ferrara.
▶ Guarda, Roberto sicuramente sarà d'accordo, perché lui proprio è uno sportivo come te. Io, tu lo sai, sono un po' più sedentario. Ma poi, senti, con queste bici ma come si fa? Io mica mi porto la bicicletta sul treno, no?
■ Ma questo non è un problema. Semplice, semplice, ne noleggiamo due anche per voi.
▶ Ah, perché si possono noleggiare le biciclette?
■ Qui a Ferrara è possibile, ma immagino anche da voi.
▶ Boh, guarda non lo so. Senti, io preferirei altri mezzi. Possibile che a Ferrara non ci sono autobus, tram? Ma poi tu hai la macchina. Prendiamo la macchina, facciamo un giretto in macchina.
■ Sai, qui a Ferrara le macchine non possono girare per il centro. Il tram poi… la città è troppo piccola, il tram non c'è. Ci sono gli autobus, però questa è la città ideale per le bici. Qui vanno tutti in bici, dai!
▶ Vabbe', senti allora io intanto ti mando l'orario del treno.
■ Va bene. Allora, ci vediamo venerdì e io intanto prenoto le bici, eh!
▶ E vabbè, prenota le bici.
■ Ciao, allora a venerdì.
▶ Benissimo, Fabrizio, ciao!

11 Muoversi in città
(LAVORARE CON IL LESSICO)

Obiettivo: introdurre i principali mezzi di trasporto urbani e di collegamento fra città.

Procedimento: Chiedete agli studenti se sanno, ovvero se si ricordano come si chiamano i mezzi di trasporto raffigurati: gli unici non ancora comparsi nel manuale sono *metropolitana* (che però si trova nell'esempio sottostante) e *corriera* (che forse qualcuno saprà o potrete dire voi). Fate poi abbinare gli aggettivi ai mezzi di trasporto, seguirà un confronto in coppia.

Soluzione possibile:
macchina → comoda, cara, veloce; metropolitana → economica, veloce; tram → economico, lento; bicicletta → economica, sana; corriera → economica, lenta; taxi → comodo, caro, veloce; autobus → economico, lento

8

12 Io di solito giro in bici
(PARLARE)

Obiettivo: parlare di come ci si muove in città.

Procedimento: Formate dei gruppi, fate leggere il compito e accertatevi che sia chiaro. Fate quindi notare lo specchietto *Grammatica*, che puntualizza l'uso delle preposizioni con i mezzi di trasporto. Procedete poi come illustrato nell'introduzione a p. 14 *(Produzione orale)*.

13 Un itinerario ferrarese
(LEGGERE, PARLARE)

Obiettivi: **a.** sviluppare la comprensione della lingua scritta (descrizione di un itinerario turistico cittadino); **b.** parlare di una visita turistica in una città.

Procedimento: a. Fate leggere i tre titoli e accertatevi che siano chiari. Invitate poi gli studenti a leggere l'itinerario per capire a quale titolo corrisponde. Raccomandate loro di concentrarsi su questo compito, senza soffermarsi su singoli vocaboli nuovi e procedete come indicato nell'introduzione a p. 12 *(Gli input scritti)*. Individuato il titolo adatto, invitate gli studenti a ricostruire il percorso sulla cartina facendosi guidare dai nomi delle vie e degli edifici. Poiché l'espressione *il ponte sul Po* fa parte dell'itinerario, chiarite ora la preposizione articolata *sul*: esortate gli studenti a dire da che cosa deriva e ricostruite insieme a loro anche le altre forme (la tabella completa si trova a pagina 97).

b. Formate delle coppie, fate leggere il compito e accertatevi che sia chiaro. Procedete poi come illustrato nell'introduzione a p. 14 *(Produzione orale)*.

Soluzione:
I Quartieri dell'antico Po.

14 Abbinamenti di parole
(LAVORARE CON IL LESSICO)

Obiettivo: prepararsi alla produzione facendo il punto su alcune collocazioni (verbo + sostantivo / indicazione di luogo).

Procedimento: Fate svolgere l'attività individualmente e poi verificate in plenum.

Soluzione:
prendere l'autobus; raggiungere il monastero; voltare a destra; oltrepassare il ponte; arrivare fino all'antica cattedrale

15 Una visita guidata nella nostra città
(SCRIVERE E PARLARE)

Procedimento: Per tutte le fasi seguite le indicazioni del manuale tenendo conto di quanto si dice nell'introduzione a p. 15 *(Compiti di gruppo)*.

Culture a confronto

La piazza

Obiettivo: discutere sui luoghi d'incontro in città.

Procedimento: a. Formate delle coppie e invitate gli studenti a rispondere alle domande riportate nel libro basandosi su conoscenze personali o facendo delle supposizioni, aiutandosi anche con la foto di Piazza di Porta Ravegnana (Bologna). Riportate poi il discorso in plenum e raccogliete le idee creando alla lavagna (o lucido o Flipchart) due mappe concettuali: cosa c'è in piazza / cosa fa la gente in piazza.

b. Leggete la domanda e invitate gli studenti a scoprire la risposta leggendo le citazioni.

c. Formate dei gruppi, fate leggere il compito e accertatevi che sia chiaro. Concludete facendovi dire che cosa è venuto fuori dal lavoro di gruppo e fornendo qualche informazione in più sulla piazza italiana in generale. Se avete una classe sveglia e lo ritenete opportuno, potete aggiungere che il concetto di *piazza* è tanto radicato nella cultura italiana che da questa parola ne sono 'nate' tante altre (anche intere espressioni), magari invitando gli studenti a indovinare che cosa siano per esempio Piazza Affari (la borsa di Milano), la piazza virtuale (internet), un letto a due piazze.

Soluzione:
b. Gli studenti si incontrano in Piazza di Porta Ravegnana. Questa piazza è un punto di ritrovo e uno dei posti simbolo di Bologna.

Scheda informativa

La piazza italiana
Nell'antica Grecia *l'agorà*, ossia la piazza, rappresentava il centro della città da un punto di vista economico, commerciale, religioso e politico. Nel mondo latino, sul modello di quello greco, la piazza centrale, detta Foro, costituiva il fulcro della vita della comunità e il suo

simbolo. Ancora oggi, questi sono i significati della piazza "italiana", uno spazio aperto con diverse funzionalità.
La piazza è stata ed è il luogo di tanti avvenimenti: insurrezioni, esecuzioni, lotte, discorsi elettorali, processioni, feste, concerti. Inoltre la piazza è spesso il vero e proprio simbolo di una città (per esempio, Piazza San Marco a Venezia, Piazza del Campo a Siena, Campo dei Miracoli a Pisa) o anche di un paesino. A volte, infatti, proprio intorno a una piazza si è sviluppato un paese. Ma in piazza ci si ritrova anche solo per fare quattro chiacchiere con gli amici, per discutere di politica, per guardare insieme una partita di calcio sul maxischermo. La piazza insomma è, oggi come in passato, il palcoscenico della vita comunitaria, pubblica e privata.

d. Formate dei gruppi e dite agli studenti di discutere seguendo la traccia indicata dal libro. Per concludere riportate la discussione in plenum per raccogliere le idee e dare ulteriori consigli.

Portfolio

Autovalutazione – Obiettivo: fare un bilancio dell'ottava lezione.

Procedimento: Procedete come indicato a p. 25 dell'introduzione *(Portfolio)*.

Strategie – Obiettivo: riflettere sulle strategie di lettura.

Procedimento: **a.** - **c.** Informate gli studenti che la riflessione sulla lettura è stata inserita a questo punto del libro affinché loro possano far tesoro dell'esperienza accumulata attraverso le lezioni precedenti. Spiegate che tale riflessione, per esser utile, dovrà essere svolta passo per passo, seguendo esattamente le istruzioni del libro: per il punto **a** bisognerà dunque assolutamente coprire il testo e lavorare solo con il titolo e la foto; ai punti **b** e **c** bisognerà leggere nel modo indicato. Annunciate il tempo a disposizione e precisate che i compiti **a**, **b** e **c** vanno eseguiti individualmente.

Il mio mondo

Tema: l'ambiente in cui si vive (i vicini di casa e la famiglia).

Obiettivi comunicativi: descrivere l'aspetto fisico e il carattere di una persona; parlare di amici e conoscenti; descrivere la propria famiglia; indicare lo stato civile.

Grammatica e lessico: gli aggettivi possessivi *(mio, tuo, suo ...)*; il contrasto *questo / quello*; aggettivi ed altre espressioni per descrivere l'aspetto fisico; aggettivi per descrivere il carattere; i nomi di parentela.

9

1 Per iniziare

Obiettivo: introdurre il tema della lezione.

Procedimento: Dopo aver formato dei gruppi, dite agli studenti di guardare la foto a p. 99 e fare delle ipotesi sulla situazione raffigurata seguendo la traccia proposta dalle domande sottostanti. Attenzione: è importante che nessuno volti pagina perché a p. 100 c'è la soluzione.

2 Un'iniziativa europea

(LEGGERE, PARLARE)

Obiettivi: **a.** sviluppare la comprensione della lingua scritta e introdurre alcune parole chiave; **b.** commentare un'iniziativa.

Procedimento: **a.** Invitate gli studenti a leggere l'annuncio per verificare le loro ipotesi. Seguirà un confronto con i compagni dell'attività precedente. Infine, verificate in plenum e aiutate la classe a decodificare i vocaboli non chiari (un germanofono può spiegarsi per esempio *immobile*, a prima vista difficile, tramite una semplice analogia con la propria lingua: immobile = Immobilie → casa).

b. Formate dei gruppi, e invitateli a commentare l'iniziativa rispondendo alle domande.

Scheda informativa

La festa dei vicini

Lanciata per la prima volta nel 1999 in un quartiere di Parigi, questa iniziativa si è estesa, a partire dal 2003, a livello europeo riscuotendo un enorme successo. Nel 2003 in 170 città hanno partecipato circa 3 milioni di persone, nel 2007 sono stati coinvolti 28 Paesi e 7 milioni di persone.

Lo scopo di questa manifestazione è quello di favorire la convivialità e sviluppare la solidarietà di vicinato, lottare contro l'individualismo e l'isolamento, costruire un'Europa più vicina ai cittadini. La festa può coinvolgere un condominio, una strada o un quartiere. Gli abitanti si ritrovano per mangiare insieme (ognuno porta qualcosa), per fare quattro chiacchiere e conoscere meglio i propri vicini di casa facendo festa insieme.

3 Alla festa dei vicini

(PARLARE, ASCOLTARE)

Obiettivi: **a.** prepararsi all'ascolto facendo leva sull'esperienza di vita; **b.** e **c.** sviluppare la comprensione auditiva.

Procedimento: **a.** Fate leggere il compito e accertatevi che sia chiaro (in particolare il termine *animali domestici*). Formate poi delle coppie e lasciate loro qualche minuto per fare delle ipotesi.

b. Seguite le indicazioni del manuale e procedete come illustrato nell'introduzione a p. 9 *(Fase 1 – Comprensione globale)*.

c. Seguite le indicazioni del manuale e procedete come illustrato nell'introduzione a p. 10 *(Fase 2 – Comprensione più dettagliata)*.

Soluzione:
b. Parlano degli altri vicini.
c. Luisa parla in modo positivo di Cristiano e Pasquale, di Renato e della signora Anita. Parla in modo negativo dei signori Verlasco.

Trascrizione:
(Track 32)
◆ Ciao. Ehm... Io vorrei qualcosa da bere. È possibile?
■ Certo, come no!
◆ Eh... però ... io non ho portato niente, ho saputo troppo tardi...
■ Be', non importa... abbiamo tante cose. Che cosa prendi?
◆ Una Coca-Cola.
■ Eccola. Ma ... senti, tu sei nuova qui, no?
◆ Sì. Sono arrivata sabato scorso.
■ Ah, ecco sì. Ho visto il camion. Al secondo piano, vero?
◆ Esatto.
■ Beh, allora: benvenuta fra noi! Io sono Luisa Verri.
◆ E io Martina Franti, piacere. Abiti qui da tanto?
■ Da cinque anni.
◆ Allora conosci tutti, ormai.
■ Be', tutti no, ma parecchi sì. Ma ... facciamo un giro, così conosci anche tu un po' di gente.

(Track 32 / 33)
... Per esempio, conosco i tuoi vicini di piano.
◆ Ah sì? Io sabato ne ho conosciuto uno solo, Renato, mi pare.
■ Sì, quello che abita alla tua destra si chiama Renato. Se hai problemi con la casa, puoi suonare da lui, ti aiuta sicuramente.
◆ Ah, bene... E i miei dirimpettai chi sono?
■ Di fronte a te abitano due studenti, Cristiano e Pasquale, che non sono di qui. Simpatici...
◆ Ah. E sono venuti alla festa?
■ Mah, non so, vediamo... Ah, sì, eccoli là! Pasquale è quello alto, biondo, con la maglietta rossa; Cristiano è quello moro e magro accanto a lui. Vieni, ché vi presento... Anzi no, vi presento dopo. Quando hanno finito di parlare con i Verlasco.
◆ Perché i Verlasco...
■ Abitano proprio sotto i due ragazzi e sono piuttosto ... come dire...
◆ Antipatici?
■ Sì, ecco... e poi sono anche noiosi. Hanno sempre un motivo per protestare.
◆ Tipo?
■ Beh, adesso probabilmente si lamentano per la festa di ieri. Ma si lamentano anche perché la loro vicina suona il piano, perché il mio cane abbaia, la gatta dei signori Martelli gira liberamente, i bambini giocano in cortile, eccetera eccetera...
◆ Insomma, devo fare attenzione...
■ Esatto. Adesso invece ti presento la mia vicina, Anita, una signora anziana molto simpatica. La sua casa è sempre aperta a tutti. E il suo tiramisù è un mito. Ma dov'è finita? Ah, eccola là! È quella signora con i capelli bianchi lì a destra.

4 Che tipo è?

(LAVORARE CON IL LESSICO, PARLARE)

Obiettivi: **a.** - **b.** introdurre aggettivi utili per descrivere (il carattere di) una persona;
c. descrivere il carattere di una persona.

Procedimento: **a.** Fate ascoltare l'estratto del dialogo più di una volta, se necessario. (Per la trascrizione del dialogo vedi sopra: track 33.) Ognuno mette le crocette per conto proprio e poi confronta con un compagno. Alla fine verificate in plenum.

b. Fate svolgere il compito in coppia, poi verificate in plenum. Mettete in evidenza l'utilità del lavoro appena svolto segnalando il *Tipp*.

c. Formate dei gruppi, fate leggere il compito e accertatevi che sia chiaro, poi procedete come indicato nell'introduzione a p. 14 *(Produzione orale)*.

Soluzioni:
a. antipatico, anziano, noioso, simpatico
b. anziano ≠ giovane; aperto ≠ chiuso; noioso ≠ piacevole; tranquillo ≠ vivace

5 Mio, tuo, suo ...
(SCOPRIRE LA GRAMMATICA)

Obiettivo: tematizzare gli aggettivi possessivi.

Procedimento: **a.** Fate ascoltare la registrazione anche più volte, se necessario, affinché gli studenti possano inserire nelle frasi i possessivi elencati. Dopo ogni ascolto dite loro di confrontare le soluzioni con quelle di un compagno (ogni volta con una persona diversa). Completata questa fase, verificate in plenum.

b. - **d.** Seguite le indicazioni del manuale procedendo come illustrato nell'introduzione a p. 15 *(La grammatica)*. Guidate così gli studenti a ricostruire le seguenti regole: 1. in italiano davanti a un aggettivo possessivo c'è normalmente un articolo, che in questi esempi e anche in quelli del punto **2** è sempre determinativo (se qualcuno dovesse chiedere come mai, allora, nell'e-mail di pagina 90 ci sia scritto *vicino a casa mia*, limitatevi a dire che esistono espressioni in cui il possessivo si può posporre al sostantivo e che in tal caso l'articolo viene meno); 2. la desinenza del possessivo si riferisce alla cosa posseduta e quindi si concorda con essa *(la mia vicina / il mio cane)*; 3. il possessivo si concorda con il possessore solo nel numero (*io → mio, tu → tuo, noi → nostro* ecc.) **non** nel genere, perciò anche la terza persona singolare ha un'unica forma *(suo)*, che si usa senza fare differenza tra possessore maschile e femminile; 4. il possessivo di terza persona plurale è invariabile e si usa per tutti i generi e per tutti i numeri (cambia solo l'articolo che lo precede).

Soluzione:
a. tuoi; tua; miei; loro; mio; mia; sua; suo
b. Davanti a un aggettivo possessivo c'è l'articolo determinativo.
c.

	singolare		plurale	
	♂	♀	♂	♀
io	il *mio*	la *mia*	i *miei*	le mie
tu	il tuo	la *tua*	i *tuoi*	le tue
lui, lei, Lei	il *suo*	la *sua*	i suoi	le sue
noi	il nostro	la nostra	i nostri	le nostre
voi	il vostro	la vostra	i vostri	le vostre
loro	il loro	la *loro*	i loro	le loro

d. Per la terza persona singolare c'è un'unica forma, perciò non c'è differenza fra un possessore maschile e uno femminile. Il possessivo della terza persona plurale ha un'unica forma. In tal caso cambia solo l'articolo che lo precede.

6 Tris
(GIOCO)

Obiettivo: esercitare in forma ludica i possessivi.

Procedimento: Formate delle coppie, fate leggere le regole e accertatevi che siano chiare. Prima di dare il via al gioco fate un esempio voi stessi.

Soluzioni possibili (date semplicemente come esempio):
La vostra città è tranquilla. Il suo cane abbaia sempre. I loro vicini sono simpatici. Le mie amiche abitano in centro. La loro villetta è in

9

un quartiere residenziale. La tua vicina suona la chitarra. Il nostro gatto gioca in giardino. I suoi amici studiano a Bologna. Le tue feste sono sempre molto piacevoli. Il mio piatto preferito è il tiramisù.

7 La finestra di fronte

(PARLARE, LEGGERE)

Obiettivi: a. - b. prepararsi alla lettura usando l'immaginazione e la conoscenza del mondo; c. sviluppare la comprensione della lingua scritta.

Procedimento: a. Formate delle coppie e invitate gli studenti a dire quello che vedono nella fotografia, a fare delle supposizioni su cosa fa la persona.

b. Formate delle nuove coppie, fate leggere le domande e poi lasciate agli studenti alcuni minuti per parlare.

c. Seguite le indicazioni del manuale e procedete come illustrato nell'introduzione a pag. 12 *(Gli input scritti)*. Poiché questo testo contiene diverse parole nuove, potete aggiungere una fase di ricerca lessicale come quella descritta al punto 2 della lezione 8, ma è consigliabile farla dopo il punto 10, cioè dopo che sarà stata tematizzata ed esercitata la funzione 'descrivere una persona'. In ogni caso, ricordate agli studenti che l'obiettivo della lettura NON è quello di capire tutte le parole.

Soluzione:
c. Giovanna non ha le tende. Dalle sue finestre Giovanna vede i vicini: una coppia nuova. Hanno circa quarant'anni. Lei è alta e bella, lui ha la faccia da artista. Lavorano in casa, non hanno orari da ufficio, non hanno le tende.

8 I miei vicini

(PARLARE)

Obiettivo: parlare dei propri rapporti con i vicini di casa.

Procedimento: Formate dei gruppi, fate leggere il compito e accertatevi che sia chiaro. Procedete poi come illustrato nell'introduzione a p. 14 *(Produzione orale)*.

9 Che aspetto ha?

(LAVORARE CON IL LESSICO)

Obiettivo: imparare a descrivere l'aspetto fisico di una persona (lessico di base).

Procedimento: a. - c. Seguite le indicazioni del manuale. Fate svolgere i compiti individualmente; seguiranno, di volta in volta, un confronto in coppia e una verifica in plenum. Per eventuali esercizi supplementari potete usare le foto delle pagine 21, 22, 75, 77. Potete per esempio fotocopiarle in modo da ottenere tanti set di foto quanti sono necessari per far lavorare la classe in gruppi. Ogni gruppo metterà le foto sul banco in modo tale che siano ben visibili, a turno ognuno descriverà una persona raffigurata senza indicarla e i compagni dovranno indovinare di quale si tratta. Chi indovina si prende la foto. Vince chi alla fine ha raccolto più fotografie.

Soluzioni:
a. numero 4
b. 1; 3; 2; 5
c. **capelli:** biondo, moro, bianchi, corti, castani, lunghi; **statura:** alto, basso; **corporatura:** magro, grassa, snella

10 Appuntamento con uno sconosciuto
(GIOCO)

Obiettivo: descrivere il proprio aspetto fisico.

Procedimento: Fate leggere il compito, accertatevi che sia chiaro e procedete poi come illustrato nell'introduzione a p. 15 *(Compiti di gruppo)*.

11 Foto di famiglia
(LAVORARE CON IL LESSICO)

Obiettivi: **a.** prepararsi all'ascolto lavorando sul campo semantico 'famiglia';
b. - **c.** sviluppare la comprensione auditiva.

Procedimento: **a.** Seguite le indicazioni del manuale. Fate svolgere il compito in tre fasi (esecuzione individuale, confronto in coppia e verifica in plenum).

b. Seguite le indicazioni del manuale e procedete come illustrato a p. 9 dell'introduzione *(Fase 1 – Comprensione globale)*.

c. Seguite le indicazioni del manuale e procedete come illustrato a p. 10 dell'introduzione *(Fase 2 – Comprensione più dettagliata)*.

Soluzioni:
a. (da sinistra verso destra) nonno; nonni; madre; marito; figlia; fratello; zia; cugino; nipoti
b. nipoti; figli; sorella; nipote; nonni; madre; padre; fratello; marito; zio. La parola *cognato* si ascolta nel dialogo, non è presente nello schema ma compare nell'estratto del dialogo riportato al punto 12 a.
c. Nel dialogo Martina definisce le persone della foto in base al rapporto di parentela che ha con loro: (dietro, da sinistra verso destra) padre, madre, marito della sorella / cognato, sorella; (davanti) nipote, nipote. Se si guarda la foto senza considerare il dialogo (ad esempio per una successiva attività supplementare), la soluzione potrebbe essere: nonno, nonna, padre, madre, figlio, figlia.

Trascrizione:
■ Oh, ciao Martina!
◆ Ciao! Senti, scusa, posso chiederti un favore?
■ Certo, come no!
◆ Mi puoi prestare un po' di zucchero? Mi è finito e vorrei farmi un caffè prima di uscire.
■ Sicuro! Anzi, perché non lo beviamo insieme, il caffè? Poi naturalmente ti do anche lo zucchero...
◆ Grazie, volentieri, ma... veramente ho poco tempo.
■ Io sono velocissima. Dai, un momentino!
◆ OK, grazie.
■ Prego, entra. Accomodati, io intanto vado a fare il caffè.
◆ Carino, qui! Io devo ancora mettere tutto a posto ... Quante belle foto!
■ Beh, sono le classiche foto di famiglia. È che sono tutti lontani, ci vediamo così poco...
◆ Che carini questi ragazzini! Sono i tuoi nipoti?
■ Sì, sono i figli di mia sorella. Lì c'è anche una foto di gruppo, la vedi?
◆ Sì.
■ Ecco, lì dietro mio nipote c'è appunto mia sorella. E poi ci sono anche i nonni, che sono orgogliosissimi dei loro nipoti naturalmente.
◆ Ah, questi sono i tuoi...
■ Sì.
◆ Tua madre ti assomiglia molto. Tuo padre invece no.
■ Sì, lo dicono tutti...
◆ E questo ragazzo moro chi è? Tuo fratello o tuo cognato?
■ Quello è il marito di mia sorella. Mio fratello è in un'altra foto con i bambini ...
Ecco, guarda: Chiara e Francesco con il loro zio, gli sono molto affezionati.
◆ Ah, bella! E lui ha famiglia?
■ No. Non è sposato, vive con la sua ragazza.
◆ E tu, se posso chiedere, vivi sola?
■ Sì, io sono proprio una tipica single del terzo millennio... E tu?
◆ Vivo sola anch'io. Anche perché sono sposata con il mio lavoro, si può dire.
■ Ah, e che lavoro fai?

9

◆ L'architetto, mi sono messa in proprio da poco... E fra un po' devo andare da un cliente, per cui adesso devo proprio scappare. Scusa! Grazie per il caffè, eh!
■ Non c'è di che. E... questo è lo zucchero.
◆ Ah, sì, grazie mille. Ciao.
■ Ciao!

12 I miei parenti

(SCOPRIRE LA GRAMMATICA)

Obiettivo: tematizzare l'uso dell'articolo con i nomi di parentela e il contrasto fra i dimostrativi *questo* e *quello* (quest'ultimo, evidenziato nel disegno di pag. 105, verrà però trattato dopo la produzione 13).

Procedimento: **a.** Leggete innanzi tutto il titolo dell'esercizio e chiedete se qualcuno conosce la differenza fra *parenti* e *genitori*. Se nessuno lo sa, spiegatela. Dite poi agli studenti di provare a inserire nel dialogo – che è una parte di quello ascoltato al punto 11 – i nomi di parentela adatti servendosi delle informazioni ricavate nel corso dell'attività precedente. Fate poi confrontare in coppia e infine invitate gli studenti a verificare le loro soluzioni ascoltando nuovamente la registrazione. Precisate che le espressioni "i miei" / "i tuoi" / "i suoi" si usano spesso nella lingua parlata per indicare i genitori.

b. Seguite le indicazioni del manuale procedendo come illustrato nell'introduzione a p. 15 *(La grammatica)*. Guidate così gli studenti a ricostruire le seguenti regole: 1. L'articolo *si usa* con i nomi di parentela al plurale e *non si usa* con i nomi di parentela al singolare; 2. Con il possessivo *loro* l'articolo si usa al plurale e al singolare. Poiché questa regola è difficile da memorizzare, potete eventualmente fare in classe l'esercizio 11 a pagina 177.

Soluzioni:
a. nipoti; sorella; nipote; sorella; nonni; nipoti; madre; padre; fratello; sorella; fratello; zio

b. Davanti ai possessivi l'articolo si usa con i nomi di parentela *al plurale*. Davanti ai possessivi l'articolo non si usa con i nomi di parentela *al singolare*. Con il possessivo *loro* l'articolo si usa al plurale e al singolare.

13 La mia famiglia

(PARLARE)

Obiettivo: descrivere una famiglia.

Procedimento: Formate delle coppie, fate leggere il compito e accertatevi che sia chiaro. Prima di dare il via all'attività, evidenziate le espressioni utili contenute nello specchietto *Lingua*. Poiché l'albero genealogico stampato nel libro non offre molto spazio, potete dare agli studenti l'ingrandimento che trovate nel sito Internet. Procedete poi come indicato a p. 14 dell'introduzione *(Produzione orale)*.

Conclusa la produzione e prima di avviare l'attività finale, tornate al disegno che si trova accanto al punto 12b e riporta due battute del dialogo analizzato. Dite agli studenti di leggere le battute guardando bene l'immagine (in particolare la posizione delle due donne rispetto alla 'foto' e i gesti delle mani) e chiedete che differenza c'è, secondo loro, tra *questo* e *quello*: entrambi sono dei dimostrativi, ma che cosa indica l'uno e che cosa indica l'altro? Invitateli a parlarne con un compagno e lasciate loro un po' di tempo per ragionare. Riportate poi il discorso in plenum ed esortateli a formulare la regola (*questo* si usa per indicare ciò che è vicino e *quello* per indicare ciò che è lontano).

14 La pagina web del nostro corso

(SCRIVERE E PARLARE)

Procedimento: Per tutte le fasi seguite le indicazioni del manuale tenendo conto di quanto si dice nell'introduzione a pagina 15 *(Compiti di gruppo)*.

Culture a confronto

Obiettivo: riflettere sul linguaggio del corpo e sul suo significato nelle diverse culture.

Procedimento: **a.** A libro chiuso, dite agli studenti di pensare a una conversazione fra italiani (a cui hanno assistito in vacanza o che hanno visto in un film / alla TV o che qualcuno gli ha descritto): che cosa salta all'occhio? Raccogliete le idee, che saranno probabilmente la rapidità con cui le persone parlano, il volume della voce, la tendenza a 'parlare tutti contemporaneamente' e a 'parlare con le mani'. Sottolineate che elementi come la velocità di eloquio, la modulazione della voce, la distribuzione dei turni di parola, l'uso dei gesti (ed altri ancora, come la distanza fisica fra interlocutori ecc.) si uniscono alle parole per caratterizzare la comunicazione fra persone appartenenti a una determinata cultura e sono presenti perciò – in grado e forme diversi – in tutte le culture. Se si vuole imparare una lingua, bisogna dunque occuparsi anche di questi aspetti e qui ci si occuperà dei gesti. Fate aprire il libro a p. 106, pregate gli studenti di coprire con un foglio il punto b e di concentrarsi sulle fotografie (facendo attenzione anche alle freccette che indicano la direzione del movimento nelle foto 3, 7, 8). Formate delle coppie e dite di fare ipotesi sul significato dei gesti raffigurati, come richiesto nella consegna. Lasciate qualche minuto per parlare.

b. Dite agli studenti di scoprire il punto **b** e di provare, individualmente, ad abbinare ogni foto ad una frase. Seguiranno il confronto in coppia e la verifica in plenum: chiederete alla classe di fornirvi le soluzioni e darete 'vita' alle 8 situazioni pronunciando le battute accompagnate dal gesto opportuno.

c. Formate dei gruppi e invitate gli studenti a discutere sulla base delle domande poste dal libro. Concludete riportando il discorso in plenum e chiedendo ai gruppi che cosa è venuto fuori dalla discussione. Fate presente che il linguaggio non verbale è un campo di studio molto vasto che richiede tempo e capacità di osservazione, per cui sarà oggetto di riflessione anche nella rubrica del *Portfolio* dedicata alle strategie. Per riprendere il tema potrete proporre un memory da realizzare con il materiale che trovate nel sito Internet.

Soluzione:
1 → Ma che cosa vuoi? 2 → Quello è matto! 3 → Non mi interessa per niente! 4 → Ti telefono. 5 → Buona fortuna! 6 → Costa molto! 7 → È ora di andare. 8 → Ci vediamo dopo.

Portfolio

Autovalutazione – Obiettivo: fare un bilancio della nona lezione.

Procedimento: Procedete come indicato a p. 25 dell'introduzione *(Portfolio)*.

Strategie – Obiettivo: approfondire la riflessione sul linguaggio non verbale.

Procedimento: **a.** Ricollegatevi alle riflessioni fatte nella pagina *Culture a confronto* e chiedete agli studenti con quali parti del corpo parliamo, oltre alla bocca e – come osservato nella pagina interculturale – alle mani. Trascrivete le risposte alla lavagna o su lucido in modo tale che ne risulti una sorta di mappa concettuale al centro della quale scriverete *linguaggio non verbale*. Evidenziate l'importanza comunicativa di questo linguaggio riportando a voce quanto è scritto nella breve introduzione a questa rubrica. Invitate quindi gli studenti a guardare le foto e chiedete loro se sanno chi sono queste persone. Formate poi delle coppie e fate svolgere il primo compito. Lasciate un po' di tempo per parlare e poi raccogliete le idee in plenum evidenziando anche la soggettività dell'interpretazione.

Se avete una classe a cui piace recitare, potete scegliere un dialogo delle lezioni precedenti –

per esempio quello della lezione 6, punto 8, che si presta particolarmente per l'emozionalità – e invitare gli studenti a drammatizzarlo. La drammatizzazione potrà essere 'classica' (con parole e gesti) o muta (solo con i gesti). Fate riascoltare il dialogo dicendo agli studenti di chiudere gli occhi e immaginare le persone impegnate nella conversazione: quali emozioni si 'sentono'? Quali gesti potrebbero esprimerle? Date poi una decina di minuti di tempo per discutere e preparare la 'scenetta', avendo cura di assegnare a ogni coppia un certo spazio di lavoro in modo che non si disturbino a vicenda. Se gli studenti lo desiderano, farete naturalmente ascoltare ancora il dialogo. Potete stabilire voi se la scena dovrà essere rappresentata come telefonata (qual è nella registrazione dell'unità 6) o come conversazione a tu per tu (immaginando che la conversazione avvenga a casa, al ritorno di Sergio dal seminario), oppure potete lasciare la decisione agli studenti: in tal caso, nella fase successiva potrete invitare gli 'spettatori' a osservare, durante la 'recita', come cambia la gestualità nelle due situazioni e concludere l'attività raccogliendo in plenum le osservazioni. Invitate quindi ogni coppia/gruppo a recitare la propria scenetta e alla fine la classe sceglierà la rappresentazione migliore dal punto di vista della gestualità.

b. Formate dei gruppi e fate svolgere il secondo compito. Se questa lezione dovesse cadere alla fine del semestre, meglio ancora: per lo scambio di osservazioni ci si darà appuntamento al semestre successivo, sfruttando così anche le esperienze delle vacanze. In ogni caso, non dimenticate di riservare un po' di tempo di una delle prossime lezioni alla conclusione di quest'attività.

Soluzione possibile:

a. Nella prima foto sembra che Benigni, attraverso il movimento delle mani e l'espressione del viso, cerchi il consenso del pubblico / dell'interlocutore. Nella foto centrale Luca Toni sembra esprimere, con tutto il corpo, disappunto per una situazione avversa o inaspettata. Nella foto a destra lo stesso Luca Toni manifesta disaccordo e incredulità attraverso l'espressione del volto, in particolare degli occhi, e la posizione delle mani.

Scheda informativa

Roberto Benigni (1952) è un famosissimo attore e regista. Tra i suoi maggiori successi si ricorda il premio Oscar conferitogli nel 1998 per il film *La vita è bella* (miglior film straniero, miglior attore, migliore musica, composta da Nicola Piovani). È noto per la sua grande comicità ironica e per la sua satira tagliente rivolta in genere a personaggi politici di rilievo.
Luca Toni (1977) è un noto calciatore italiano (posizione: attaccante). Con la Nazionale del 2006 è diventato Campione del Mondo. Nel 2007 è passato dalla Fiorentina al Bayern Monaco.

Finalmente è venerdì!

Tema: prenotare un weekend – proporre mete per un weekend.

Obiettivi comunicativi: dire in quali regioni o città si è già stati; informarsi su un albergo; prenotare un albergo; parlare del tempo; scrivere una cartolina dalle vacanze.

Grammatica e lessico: il *si* impersonale; il verbo *dovere*; il *ci* locativo; i numeri da 100 a 1000; i nomi delle stagioni; lessico su albergo, attività turistiche, tempo atmosferico, mezzi di trasporto extra-urbani.

10

1 Per iniziare

Obiettivi: introdurre il tema della lezione; riutilizzare lessico e strutture delle lezioni precedenti (in particolare 5, 6, 8) per preparare la cornice nella quale verranno inseriti gli elementi nuovi.

Procedimento: Chiedete agli studenti che cosa vedono a p. 109, se riescono a riconoscere le località in cui sono state scattate le foto e se qualcuno ci è già stato. Mirate a risposte sintetiche che servano a introdurre l'attività 1 senza toglierle contenuti. Formate quindi dei gruppi, fate leggere le domande, accertatevi che siano chiare e invitate gli studenti a raccontare liberamente. Concludete riportando l'attività in plenum per fare un breve sondaggio: dove sono già stati i corsisti? Quali zone d'Italia sono già note e quali invece del tutto sconosciute?

Soluzione:
foto grande → Lecce, Chiesa di Santa Croce; foto piccola a destra → Siena, Piazza del Campo; foto piccola in alto a sinistra → Palermo, Cattedrale; foto piccola al centro a sinistra → Trento, Castello del Buonconsiglio; foto piccola in basso a sinistra → Roma, Piazza di Spagna

Scheda informativa

Lecce è una città della Puglia di quasi 100.000 abitanti, principale centro del Salento, area nota come il Tacco d'Italia. La basilica di Santa Croce (secc. XVI – XVII) è il simbolo del barocco leccese, caratteristico per le decorazioni sgargianti degli edifici.
Siena è una città della Toscana di circa 50.000 abitanti, centro d'arte e turistico famosissimo. Siena è nota per il Palio, che vede in gara i cavalli delle 17 contrade cittadine due volte l'anno (2 luglio e 16 agosto). La competizione si svolge in Piazza del Campo, storicamente la piazza principale della città.
Palermo è il capoluogo della Sicilia con oltre 600.000 abitanti, è il quinto comune italiano per numero di persone. È il principale centro culturale, storico ed economico della Sicilia. La Cattedrale fu costruita nel 1185 su un'area precedentemente occupata da una moschea; vi sono conservati i sepolcri di Federico II di Svevia e di altri noti personaggi.
Trento è una città del Trentino-Alto Adige di circa 100.000 abitanti. Il Castello del Buonconsiglio è uno degli edifici più noti della città: costruito sopra un rilievo roccioso, il castello

è un'aggregazione di edifici architettonici risalenti a epoche diverse.
Roma, capitale della Repubblica Italiana e capoluogo della regione Lazio, è il comune italiano più popoloso (circa 2.700.000 abitanti) e più esteso. Piazza di Spagna, con la scalinata e la chiesa di Trinità dei Monti, è una delle piazze di Roma più famose. Ai piedi della scalinata, che collega la chiesa con la piazza, si trova la Fontana della Barcaccia, chiamata così per la sua forma di barca semiaffondata, realizzata da Pietro Bernini con l'aiuto del figlio Gian Lorenzo. La piazza deve il suo nome alla sede dell'ambasciata spagnola lì situata.

2 Pacchetti week-end

(LEGGERE, PARLARE)

Obiettivi: **a.** sviluppare la comprensione della lingua scritta (dépliant turistici); **b.** commentare offerte turistiche esprimendo preferenze.

Procedimento: **a.** - **b.** Fate leggere la consegna e i titoli stampati sotto il terzo testo. Accertatevi che il compito sia chiaro e procedete come illustrato nell'introduzione a pag. 12 *(Gli input scritti)*.

c. Formate dei gruppi e invitate gli studenti a dirsi quale pacchetto preferiscono e perché.

Soluzioni:
a. 1 → Il Museo Tridentino di Scienze Naturali; 2 → Alla scoperta di Trento: colori, suoni e sapori; 3 → Fine settimana sulla neve
b. (Soluzione possibile) ... una persona che ama la natura → 1; una persona che viaggia con i figli → 1; una persona che ama la cucina regionale → 2; una persona che vuole spendere poco → 1 / 2; una persona che ama scoprire le tradizioni locali → 2; una persona che vuole fare sport, ma anche rilassarsi → 3

Scheda informativa

Monte Bondone
Si tratta di un vero e proprio gruppo montuoso a ovest di Trento tra le valli dell'Adige e del Sarca. La cima più alta del massiccio è il monte Cornetto (2180 m).

Museo Tridentino di Scienze Naturali
Il museo, con sede a Trento, opera nel campo delle scienze naturali, con particolare attenzione al territorio alpino e all'ambito trentino. Propone esposizioni di storia naturale, compie ricerche, organizza attività educative per la scuola ed eventi culturali.

Le Strade del Vino e dei Sapori del Trentino
Attraverso le "Strade del Vino e dei Sapori" si può conoscere il Trentino in modo diverso, seguendo percorsi geografici ed enogastronomici. Le Strade esistenti sono sette. Si tratta di percorsi in territori ad alta vocazione vitivinicola e rurale caratterizzati, per esempio, dalla presenza di vigneti e cantine di aziende agricole, da lavorazioni e produzioni agroalimentari tipiche. Costituiscono uno strumento di promozione per valorizzare l'offerta enoturistica e le produzioni di questo territorio.

3 Le stagioni

(LAVORARE CON IL LESSICO, PARLARE)

Obiettivi: **a.** introdurre i nomi delle stagioni; **b.** parlare delle stagioni.

Procedimento: **a.** Fate abbinare individualmente e poi verificate in plenum.

b. Richiamate l'attenzione sul secondo pacchetto, da cui quest'attività prende spunto: quali possono essere i colori, i suoni e i sapori dell'autunno che il turista scopre durante il weekend? E in generale, quali colori, suoni e sapori si possono associare alle diverse stagioni? Invitate gli studenti a redigere individualmente una lista per ogni stagione, chiedendo eventualmente a voi le parole che non conoscono.

Formate poi delle coppie e dite di confrontare le liste per scoprire somiglianze e differenze nel modo di percepire le stagioni. Tenete presente che il lessico relativo al tempo meteorologico verrà trattato a partire dal punto **9**.

Soluzione:
a → autunno; b → primavera;
c → estate; d → inverno

4 I numeri: le centinaia
(LAVORARE CON IL LESSICO)

Obiettivo: introdurre i numeri da 100 a 1000.

Procedimento: **a.** Invitate gli studenti a completare la tabella cercando nei testi del punto 2 le cifre necessarie (i prezzi dei pacchetti).

b. Formate delle coppie, fate leggere le regole del gioco (compreso l'esempio) e accertatevi che siano chiare. Dite che ripetano l'operazione più volte, cambiando di volta in volta ruolo, e stabilite la durata del gioco.

Soluzione:
126 = centoventisei; 137 = centotrentasette; 149 = centoquarantanove; 154 = centocinquantaquattro; 169 = centosessantanove; 178 = centosettantotto

5 Vorrei prenotare una camera
(PARLARE, ASCOLTARE)

Obiettivi: **a.** prepararsi all'ascolto riflettendo sulle proprie esigenze in albergo e scoprendo alcune parole chiave; **b.** - **d.** sviluppare la comprensione auditiva.

Procedimento: **a.** Formate delle coppie, fate leggere il compito e accertatevi che sia chiaro. Se necessario, spiegate il lessico nuovo senza però soffermarvi sul *si* impersonale, che verrà trattato al punto **6**.

b. Seguite le indicazioni del manuale e procedete come illustrato a p. 9 dell'introduzione *(Fase 1 – Comprensione globale)*.

c. - **d.** Seguite le indicazioni del manuale e procedete come illustrato a p. 10 dell'introduzione *(Fase 2 – Comprensione più dettagliata)*.

Soluzioni:
b. il pacchetto 3;
c. Quanto viene la camera?; La prima colazione è compresa?; L'albergo ha un centro benessere?
d. skibus; 2 pernottamenti in albergo; skipass giornaliero; Trento Card 48 ore; pranzo o cena in un ristorante tipico; degustazione di prodotti trentini

Trascrizione:
- ● Chalet Caminetto, buongiorno.
- ▷ Buongiorno. Senta, io vorrei prenotare una camera doppia per un fine settimana, da venerdì a domenica.
- ● Sì, e quando esattamente?
- ▷ Allora, o a fine gennaio, dal 23 al 25, oppure dal 13 al 15 febbraio. È possibile?
- ● Dunque, in gennaio purtroppo no, mi dispiace; dal 13 al 15 febbraio invece sì.
- ▷ Va bene, allora facciamo febbraio. E quanto viene la camera?
- ● 70 euro a persona.
- ▷ La prima colazione è compresa?
- ● Sì, certo.
- ▷ OK. Senta, l'albergo è vicino alle piste da sci?
- ● Siamo a 100 metri dalle piste, signora.
- ▷ Benissimo. E per arrivare a Trento si deve usare la macchina?
- ● Beh, si può usare la macchina, ma non è necessario perché c'è un servizio bus per Trento molto comodo.
- ▷ Ed è compreso nel prezzo?
- ● Be', dipende. Lei vuole prenotare un pacchetto vacanza?
- ▷ Beh, ho letto che c'è qualcosa del genere... però non so... conviene?
- ● Eh be' sì, perché se si prende il pacchetto, lo skibus è compreso nel prezzo.

10

▷ Ah, benissimo. Ed è compreso anche lo skipass?
● Sì, dunque, il pacchetto comprende 2 pernottamenti in albergo, uno skipass giornaliero, un pranzo o una cena in un ristorante tipico, una degustazione di prodotti trentini a Palazzo Roccabruna e la Trento Card 48 ore.
▷ Ah, la Trento Card... e quindi si fanno anche visite guidate in città? Perché sa, è mio marito che va a sciare, io no, però non vorrei stare in albergo tutto il giorno.
● Dunque, le visite guidate si possono fare, per i nostri ospiti le organizziamo noi, ma non sono comprese nella quota del pacchetto.
▷ Ah. Eh... un'ultima cosa: l'albergo ha un centro benessere o una zona relax o...
● Sì. Abbiamo un'oasi benessere con la piscina, la sauna finlandese, massaggi...
▷ Oh, perfetto. Allora prendo la camera. Io mi chiamo Ferrari.
● Bene, signora, io ho preso nota. Ma la prenotazione definitiva di solito si fa online o via fax. Così si prenota anche il pacchetto.
▷ Ah. E cosa devo fare?
● È semplice, guardi: Lei va sul sito Internet dell'Azienda per il Turismo, che offre il pacchetto, compila il modulo e poi lo invia online o manda un fax. Lei ha la possibilità di farlo?
▷ Sì, certo. Non c'è problema.
● Perfetto. Allora aspetto la Sua prenotazione.
▷ Va bene, grazie e arrivederci.
● Grazie a Lei e arrivederci.

6 Si può o non si può?

(SCOPRIRE LA GRAMMATICA)

Obiettivo: riflettere sull'uso del *si* impersonale.

Procedimento: **a.** - **c.** Seguite le indicazioni del manuale e procedete come illustrato nell'introduzione a pag. 15 *(La grammatica)* per guidare gli studenti a ricavare quanto segue: la struttura *si* + verbo corrisponde per significato al tedesco *man* + verbo, però, diversamente da quest'ultimo, si concorda con il sostantivo a cui si riferisce; il verbo è al singolare quando si riferisce a un sostantivo al singolare, è invece al plurale quando si riferisce a un sostantivo al plurale. Nella prima frase compare inoltre il verbo *dovere*: esortate gli studenti a dedurne il significato in base al contesto e richiamate l'attenzione sullo specchietto in fondo alla pagina, dove si trova l'intera coniugazione (utile per la produzione 8). Come gli altri verbi irregolari, anche *dovere* è facilmente rintracciabile nella tabella in terza di copertina.

Soluzioni:
b. si possono; si può
c. si + *verbo singolare* + sostantivo singolare; si + *verbo plurale* + sostantivo plurale

7 Che cosa si fa in vacanza?

Obiettivo: fissaggio della struttura appena introdotta.

Procedimento: **a.** Fate svolgere l'esercizio individualmente. Seguiranno, come al solito, il confronto in coppia e la verifica in plenum.

b. Seguite le indicazioni del manuale facendo svolgere questo compito individualmente. Poi invitate gli studenti a dire a un compagno che cosa hanno scritto. Se possibile, formate delle coppie di persone che non abitano proprio nella stessa località; altrimenti esortate a verificare se le proposte per la medesima città siano simili o diverse.

Soluzione:
Si scoprono la flora e la fauna. Si osservano le stelle. Si visita il centro storico. Si possono sperimentare le leggi della natura. Si prova la cucina regionale. Si comprano i prodotti locali. Si fa sport.

8 Una prenotazione
(PARLARE, SCRIVERE)

Obiettivi: **a.** esercitarsi ad eseguire una prenotazione telefonica; **b.** esercitarsi ad effettuare una prenotazione via Internet.

Procedimento: **a.** Formate delle coppie, spiegate agli studenti che faranno un gioco di ruolo e dite loro di stabilire, innanzi tutto, chi è il turista e chi è il/la receptionist. Raccomandate che ognuno legga solo le istruzioni relative al proprio ruolo (per evitare che leggano anche il resto potete fotocopiare le consegne e incollarle su cartoncini da distribuire in base ai ruoli): in particolare A non dovrà dare nemmeno un'occhiata a pagina 123. Accertatevi che il compito sia chiaro e procedete poi come illustrato nell'introduzione a p. 14 *(Produzione orale)*.

b. Seguite le indicazioni del manuale e procedete come illustrato nell'introduzione a p. 14 *(Produzione scritta)*.

9 Una cartolina dalle vacanze
(LAVORARE CON IL LESSICO, LEGGERE)

Obiettivi: **a.** introdurre il lessico di base relativo al tempo meteorologico; **b.** sviluppare la comprensione della lingua scritta; **c.** - **d.** imparare a scrivere una cartolina dalle vacanze.

Procedimento: **a.** Seguite le indicazioni del manuale. Per due simboli (pioggia e freddo) gli studenti non troveranno le espressioni adatte perché le dovranno cercare nella cartolina successiva.

b. Dite agli studenti di scorrere rapidamente la cartolina per trovare le espressioni da abbinare agli ultimi due simboli del punto **a** *(piove, fa freddo)*. Dite poi di leggere la cartolina per capire in generale che cosa scrive Rita all'amica e da dove. Seguirà uno scambio di informazioni in coppia. Infine invitate gli studenti a rispondere alla domanda che si trova a destra della cartolina.

c. Invitate gli studenti a cercare nella cartolina le espressioni che assolvono alle funzioni comunicative elencate e a trascriverle nelle righe vuote. Dite poi di confrontare con un compagno e infine verificate in plenum.

d. Seguite le indicazioni del manuale. Fate svolgere il compito in coppia e poi verificate in plenum.

Soluzioni:

a.

È brutto. Nevica. C'è (il) vento.

C'è la nebbia. C'è il sole. Fa caldo. Ci sono 25° (gradi).

b. piove; fa freddo

c. 1 Cara...; 2 sono...; 3 È veramente bello!; 4 Abbiamo avuto un tempo spendido.; 5 ho fatto..., ho visto...; 6 Tanti saluti.

d. Un abbraccio → 6; Ciao Martina! → 1; Baci → 6; La città è stupenda. → 3; A presto, Cari saluti, Ci sentiamo → 6

Scheda informativa

Il Parco Nazionale Dolomiti Bellunesi è un'area naturale protetta che si trova in Veneto, in provincia di Belluno. Il parco ha una superficie di 31.512 ettari. Si tratta di un territorio di straordinario valore paesaggistico e naturalistico perché caratterizzato dalla presenza di specie rare e di una grande varietà di ambienti.

10 Una cartolina di gruppo
(SCRIVERE)

Obiettivo: esercitarsi a scrivere una cartolina (in forma ludica).

Procedimento: Formate dei gruppi di 6 persone. Fate leggere il compito e accertatevi che sia chiaro. Se gli studenti non si possono dividere per 6, riducete il numero dei passi, per esempio accorpandone due, oppure dite che un membro del gruppo dovrà svolgere due punti invece di uno. Procedete poi come indicato nell'introduzione a pag. 14 *(Produzione scritta)*.

11 Quando ci vai?
(SCOPRIRE LA GRAMMATICA)

Obiettivi: **a.** mettere a fuoco l'uso del *ci* locativo; **b.** automatizzare l'uso del *ci* locativo.

Procedimento: **a.** Seguite le indicazioni del manuale e procedete come illustrato nell'introduzione a pag. 15 *(La grammatica)*. Stabilito che *ci* si riferisce al Parco Nazionale Dolomiti Bellunesi, chiedete agli studenti a che scopo si usa questa particella (allo scopo di non ripetere continuamente un'indicazione di luogo già citata).

b. Fate leggere il compito (compreso l'esempio) e accertatevi che sia chiaro. Assegnate qualche minuto per la formulazione delle domande tenendovi a disposizione per eventuali richieste d'aiuto. Formate poi delle coppie: a turno, gli studenti porranno le domande e risponderanno a quelle del compagno.

Soluzione:
Ci si riferisce a "Parco Nazionale Dolomiti Bellunesi".

12 Sì, viaggiare
(LEGGERE)

Obiettivo: sviluppare la comprensione della lingua scritta.

Procedimento: **a.** Ponete a voce la domanda contenuta nella consegna e invitate gli studenti a leggere l'e-mail tenendo presente che il compito (al solito) non è quello di capire tutto quello che Andrea ha scritto, ma soltanto a quale rubrica ha inviato il messaggio. Procedete poi come illustrato nell'introduzione a pag. 11 *(Gli input scritti)*.
b. Procedete come illustrato nell'introduzione a pag. 12 *(Gli input scritti – Procedimento)*.
Se volete potete aggiungere una fase di ricerca lessicale come quella descritta nella lezione 8 (punto 2). Tenete presente che la struttura *Avete mai...* verrà analizzata al punto successivo.

Soluzioni:
a. guide turistiche in Internet (Andrea è una V-Guida del sito www.viaggeria.it)
b. a → Avete mai accompagnato un pescatore lungo un torrente nelle gelide mattinate di fine febbraio?; b → Avete mai passeggiato la mattina all'alba di un giorno di settembre tra le colline umbre accompagnati dal vostro fedele amico (un cane ovviamente)?; c → Avete mai passato una serata a guardare il tramonto tra le reti dei pescatori del lago Trasimeno?

Scheda informativa

L'Umbria è una regione dell'Italia peninsulare tra la Toscana, le Marche e il Lazio. Il territorio è prevalentemente collinare e in parte montuoso. Il capoluogo è Perugia.
Il **Lago Trasimeno** si trova in Umbria (Perugia) ed è il lago più vasto dell'Italia peninsulare; notevole il suo patrimonio ittico. Ha tre isole: Maggiore, Minore e Polvese.

13 Avete mai...?
(SCOPRIRE LA GRAMMATICA)

Obiettivo: tematizzare l'uso di *mai* non accompagnato da negazione in frasi interrogative (già comparso al punto 1 della lezione 7).
Procedimento: **a.** Seguite le indicazioni del manuale e procedete come illustrato nell'introduzione a pag. 15 *(La grammatica)*. Svolgere quest'attività in due fasi: riflessione in coppia e verifica in plenum. *Mai* significa qui *qualche volta, almeno una volta*, ma sarà opportuno invitare gli studenti a tradurlo nella propria lingua madre.

b. Fate leggere il compito e accertatevi che tutto sia chiaro. Procedete poi come illustrato nell'introduzione a p. 14 *(Produzione orale)*.

14 Lo faccio anch'io!
(SCRIVERE)

Obiettivo: formulare delle proposte per un week-end. Questa produzione individuale serve anche per prepararsi al compito di gruppo finale.

Procedimento: Fate leggere il compito e accertatevi che tutto sia chiaro. Procedete poi come illustrato nell'introduzione a p. 14 *(Produzione scritta)*.

15 Un week-end in Italia
(PARLARE, SCRIVERE E LEGGERE)

Obiettivo: ripassare funzioni comunicative, lessico e grammatica della decima lezione.

Procedimento: Per tutte le fasi seguite le indicazioni del manuale tenendo conto di quanto si dice nell'introduzione a pagina 15 *(Compiti di gruppo)*.

Culture a confronto

Si deve usare la macchina?

Obiettivo: confrontarsi sull'uso dei mezzi di trasporto e sulle modalità di viaggio diffuse nei diversi Paesi.

Procedimento: **a.** A libro chiuso, chiedete agli studenti se hanno mai fatto un viaggio in Italia e quali mezzi di trasporto hanno usato. Dite che adesso vedranno diversi biglietti e che il loro compito consiste nell'abbinare ognuno di essi al mezzo di trasporto appropriato. Sottolineate che per far questo non è necessario capire proprio tutte le parole stampate sul biglietto. Fate svolgere il compito in tre fasi: esecuzione individuale, confronto in coppia, verifica in plenum.

b. *Quali mezzi preferiscono gli italiani per le «vacanze week-end»?* – Ponete questa domanda a voce e invitate gli studenti a scoprire la risposta leggendo il testo. Procedete poi come illustrato nell'introduzione a pag. 11 *(Gli input scritti)*.

c. Formate dei gruppi, fate leggere le domande e invitate gli studenti a discuterne insieme. Potete concludere l'attività riportando il discorso in plenum per vedere quale sia il mezzo preferito dalla maggioranza.

Soluzioni:
a. autobus → 5; macchina → 1; treno → 2; corriera → 3; aereo → 4; metropolitana → 7; vaporetto → 6
b. Gli italiani preferiscono prendere il treno o il traghetto, andare a piedi o in bicicletta, o magari a cavallo.

10

Portfolio

Autovalutazione – Obiettivo: fare un bilancio della decima lezione.

Procedimento: Procedete come indicato a p. 25 dell'introduzione *(Portfolio)*.

Strategie – Obiettivo: riflettere sull'uso delle immagini come sussidio per la comprensione di testi scritti; imparare a decodificare segnali stradali italiani.

Procedimento: **a.** Dite a voce quello che è scritto nell'introduzione, poi fate svolgere il compito individualmente e infine verificate in plenum.

b. Fate svolgere il compito rapidamente in tre fasi: esecuzione individuale, confronto in coppia, verifica in plenum.

c. Formate dei gruppi e invitate gli studenti a svolgere l'attività, che in realtà consiste nella progettazione di un compito per casa. Se questa lezione cadrà alla fine del semestre, tanto meglio: per lo scambio di informazioni ci si darà appuntamento al semestre successivo facendo così tesoro dei materiali raccolti durante le vacanze. Non dimenticate, in una delle lezioni successive, di dedicare un po' di tempo alla conclusione di quest'attività.

Soluzioni:
a. scuolabus – c; scuola – b; polizia – a; vigili del fuoco – d; stazione – f; ospedale – g; traghetto – e
b. (da sinistra a destra) 3, 2, 1

Ancora più chiaro 3

Obiettivo: ripassare funzioni comunicative, lessico e grammatica delle lezioni 8-10.

Procedimento: Seguite il procedimento illustrato nell'introduzione a p. 26 *(Ancora più chiaro)* integrandolo con le indicazioni specifiche del manuale.

Test Unità 8-10
A pagina 186 si trova un test a scelta multipla concepito come compito individuale da svolgersi a casa. Le soluzioni si trovano a pagina 12 del fascicolo *Lösungen*.

Appunti

Appunti